Stadtspaziergänge mit Günther Frank

D1868178

Stadtspaziergänge
mit Günther Frank

Das bekannte und das versteckte Wien – wie Sie es entdecken

Redaktion:
Georg Lahninger
Fotos: Helmut Lust

PICHLER
EDITION WIEN

Für die Kooperationsbereitschaft und Freundlichkeit bei meiner „Fotosafari" durch Wien bedanke ich mich bei allen Museen, Firmen und Institutionen, die zu den „Stadtspaziergängen" beigetragen haben.
Ein besonders „herzliches" Danke an meinen Freund Günther Frank und meine Gattin Nora, die beide meine Arbeit wesentlich erleichterten.

Helmut Lust, Bildautor

ISBN 3-85058-156-X
© 1998 by EDITION WIEN in der Pichler Verlag GmbH, Wien
Alle Rechte vorbehalten

Umschlaggestaltung: Bruno Wegscheider
Umschlagfoto: Günther Frank beim Pallas-Athene-Brunnen vor dem Parlament
Seite 3: Blick in die Griechengasse
Buchgestaltung und Produktion: Claudio Martins und Bruno Wegscheider
Reproduktion und Druck: Inovamedia, Wien
Bindung: Gerald Frauenberger, Neudörfl
Printed in Austria

Inhalt

Ein schaurig-düsteres Museum des Todes

begegnet dem Besucher in den Gewölben unter dem bedeutendsten Wiener Wahrzeichen: Die KATAKOMBEN VON ST. STEPHAN wurden zur letzten Ruhestätte von Tausenden von Menschen.

851 Jahre steht er schon, unser „Steffl“, eine gotische Hallenkirche mit dem dritthöchsten Kirchturm der Welt. Der erste Bau wurde von den Babenbergern in Auftrag gegeben, nachdem sie die Herrschaft über Wien erlangt hatten. Die damals romanische Kirche stand allerdings noch außerhalb der Stadtmauern. Zwei Jahrhunderte später begann man mit dem gotischen Neubau.

Die Herzogsgruft unter dem Mittelchor, gestiftet von Herzog Rudolf IV. vor 1363, nahm die ersten Leichname auf. Den Beginn machte Rudolf selbst, er wurde erst knapp hundert Jahre nach seinem Tod in den neuen Gewölben unter der Kirche zur letzten Ruhe gebettet. Schließlich hatte er sich große Verdienste für den weiteren Ausbau des Stephansdoms erworben. Eigentlich wollte Rudolf ganz in der Tradition der Herrscherhäuser in der Kirche selbst beigesetzt werden. Doch man glaubte, er sei an Pest gestorben – und einen Pesttoten in der Kirche, das akzeptierte man nicht.

Flankiert wird der Gang zu den Sarkophagen einiger Habsburger – später wurden sie ja in der Kapuzinergruft beigesetzt – von einer Urnenaufbewahrungsstätte. Hier sind die Eingeweide verstorbener Habsburger aufbewahrt. War ein Mitglied der Herrscherfamilie gestorben, nahm man ihm das Herz heraus und brachte es an einen sicheren Ort. Der Sitz der Seele sollte gut bewacht werden. Die Eingeweide wurden hier in den Katakomben, unter der Hauptkirche des Heiligen Römischen Reiches, gelagert. Notwendig war die Zerteilung der Leichen, um sie mumifizieren zu können. Die Weichteile wären zu schnell verwest, um die Mumie überhaupt erhalten zu können.

Neben der Habsburgergruft gibt es noch die Kardinalsgruft, stilgerecht vornehm ausgestattet für die Erzbischöfe des Doms, und die Domherrengruft. Das ist der Trakt für die Dompfarrer, Weihbischöfe und die Mitglieder des Domkapitels. Zuletzt wurde hier Weihbischof Florian Kuntner beigesetzt.

Ein großartiges Bauwerk und steingewordenes Symbol für die Geschichte Wiens: der Hohe Turm von St. Stephan

Richtig mystisch wird es aber erst in den erdbelassenen Gewölben, die zu den Kammern für die ganz normalen Sterblichen führen. So wie früher jede Kirche von einem Friedhof umgeben war, gab es auch einen um St. Stephan. Aus hygienischen Gründen ließ man ihn auf, und die Katakomben wurden um diesen Bereich erweitert. Natürlich konnten

Alt und neu am Stephansplatz: das Haashaus von Hans Hollein mit dem Dom

die „normalen Toten" der Reichshauptstadt nicht so sorgsam aufbewahrt werden wie die verstorbenen Persönlichkeiten des kirchlichen und weltlichen Adels. Man hat sie einfach zu Hunderten eingemauert und über Jahre verwesen lassen, bis nur mehr die Gerippe übrig waren. Brauchte man mehr Platz, brach man diese Kammern wieder auf, und die Knochen wurden platzsparend übereinander geschlichtet. Es war freilich keine hochbezahlte Tätigkeit: Strafgefangene wurden dazu angehalten, die Knochenberge zu ordnen. Das schaurig-makabre Resultat dieser Anstrengungen, sorgsam in Kammern gestapelte Gebeine und Totenschädel, kann man auch heute noch durch kleine, eisenvergitterte Öffnungen „genießen" ...

Ein makabrer Blick in die Vergangenheit: Knochenreste in den Katakomben von St. Stephan

Stephansdom, 1., Stephansplatz, Tel. 515 52-0
U1, U 3, 1 A, 2 A
Öffnungszeiten Stephansdom: tägl. 6–22 Uhr
Führungen Katakomben: tägl. 10–16.30 Uhr (Abgang im linken Seitenschiff)
Besichtigung des Gesamtobjekts: ca. 3 Stunden

Der Schlosserbub Martin Mux demonstriert seine Kunstfertigkeit. Bronzerelief vom Türflügel des „Equitablepalais".

Ein Stock im Eisen unter Plastik

ist eines der Wahrzeichen Wiens. Kein Verpackungsmaterial vom Supermarkt, sondern zentimeterdick, ein Schutz wie Panzerglas. Darunter befindet sich ein mit Eisennägeln beschlagener, 2,19 m hoher Holzstamm. Entdecken Sie ihn am Haus Kärntner Straße 2/Stock-im-Eisen-Platz 3. Umarmt wird der Stamm von einem Eisenring mit Schloß. Wie es dazu kam? Die Sage erzählt, daß der Teufel einem Schlosserbuben namens Martin Mux besondere Kunstfertigkeit verlieh, ein Schloß anzufertigen, das keiner außer ihm aufsperren konnte. Mit diesem Schloß wurde der letzte Baum eines großen Waldes an einem neugebauten Haus befestigt. Der vom Teufel zum angesehensten Schlossermeister der Stadt gemachte Martin Mux mußte versprechen, in seinem ganzen Leben keine Sonntagsmesse zu versäumen. Als er aber einmal aus Trunkenheit doch zu spät kam, holte ihn der Teufel. Seither schlug jeder Schlossergeselle, der Wien besuchte, zum Andenken an den unglücklichen Meister einen Nagel in den Baumstamm.
Zu den Fakten: Der uralte Strunk stammt von einer um 1400 gewachsenen Fichte, die um 1440 gefällt oder abgestorben sein muß. Nachweisbar ist auch, daß der Baum schon benagelt wurde, als er noch verwurzelt war, also vor knapp 600 Jahren. Die letzten Nägel haben übrigens Arbeiter beim U-Bahn-Bau eingeschlagen. Aberglaube oder Poesie des Alltags – oder beides? 1533 wird der „Stock im Eisen" erstmals erwähnt. Er wechselte mehrmals seinen Platz. Wenn Ihnen die eingra-

vierten Buchstaben „HB“ auf dem Eisenring auffallen, so sind es nicht die Initialen einer Zigarettenmarke, sondern die eines gewissen Hans Buettinger, der als Hausbesitzer den Eisenring im Jahr 1575 erneuern ließ. Das „Equitablepalais“, an dem der Stamm heute befestigt ist, wurde 1888–1891 errichtet. Benannt ist das Gebäude nach einer in New York ansässigen Lebensversicherungsgesellschaft, für die es gebaut wurde. Die amerikanischen Adler auf dem Dach blicken neidvoll auf den Platz, auf dem sich Gäste aus aller Welt tummeln. Auch die in Bronze getriebenen Türflügel des Palais sollten Sie sich anschauen, sie zeigen Darstellungen der „Stock-im-Eisen“-Sage. Die Spuren der Sage finden Sie ebenso in der darstellenden Kunst: 1880 wurde in der Hofoper ein „Stock-im-Eisen“-Ballett uraufgeführt.
Wenn wir schon da sind, wollen wir uns noch ein bisserl auf dem Stock-im-Eisen-Platz umsehen: Haus Nr. 1 hat den Namen „Zur Weltkugel“, Nr. 2 heißt „Zum goldenen Becher“ (früher „Zur schönen Wienerin“, heute Hotel Royal), und Nr. 4 ist das umstrittene „Haashaus“ (1987–90 nach Plänen von Hans Hollein erbaut) mit 18 Geschäften und einem Café-Restaurant, das einen herrlichen Ausblick über die Stadt bietet. Von dort werden regelmäßig Fernsehdiskussionen zu aktuellen politischen Themen übertragen. Also, ich hab in keinem anderen Lokal derart verzweifelte Gesichter gesehen, die so hoch über der Stadt und den Geschehnissen thronen. Wissen Sie eigentlich, daß es noch einen „Stock-im-Eisen“ gibt? Er steht seit 1988 vor dem Innungshaus der Schlosser im 8. Bezirk, Wickenburggasse 1. Jeder Geselle und jeder Meister schlägt heute dort nach bestandener Prüfung einen Nagel in den Stamm.

Stock im Eisen, 1., Stock-im-Eisen-Platz 3
U 1, U 3, 1 A, 2 A
Besichtigungsdauer: ca. 15 Minuten

Totenkopf mit Reichskrone.
Detail vom Sarkophag
Kaiser Karls VI.

Zur letzten Ruhestätte der Habsburger

wurde die KAPUZINERGRUFT im Kloster der Kapuziner. Wenn sich am 18. August auf dem Neuen Markt die Menschen besonders zahlreich versammeln, der Platz von goldschwarzen Fahnen prangt und dazwischen vielfärbige Uniformen in eigenen Abordnungen auszumachen sind, dann weiß man: Es ist wieder einmal der Geburtstag Kaiser Franz Josephs.
Aber auch sonst ist der Ort der kaiserlichen Stille ein sehr bewegter – vor allem als Anziehungspunkt für Wienbesucher. Spiegelt er doch über den Tod hinaus die Herrschermacht von Männern und Frauen, von denen das Schicksal eines Großreichs abhing.
Sie ist nicht sonderlich pompös, die letzte Ruhestätte der Kaiser und Könige, der Erzherzöge und Kronprinzen. Einzig die kunstvoll gefertigten Särge zeugen davon, daß es sich um besondere Persönlichkeiten handeln muß, deren sterbliche Überreste hier gelagert sind. Die Räumlichkeiten sind in gedämpftem Licht gehalten und vermitteln dem Besucher, was beabsichtigt, aber in Form einer Touristenattraktion eben nicht ganz vollziehbar ist: „Ruhe in Frieden".
Die Tradition, hier die Mitglieder der kaiserlichen Familie zu bestatten, gibt es erst seit dem 17. Jahrhundert. Anna, die Gemahlin des Kaisers Matthias, stiftete 1618, knapp vor ihrem Tod, die Kapuzinerkirche; Matthias selbst ordnete danach die Errichtung der kaiserlichen Gruft an. Damit haben sich die beiden ein Denkmal gesetzt, sie wurden 1633 als erstes Herrscherpaar hier beigesetzt. Dabei blieb man dann auch, nachdem im Jahrhundert zuvor die Majestäten in den damals neu ausgebauten Katakomben unter dem Stephansdom ihre letzte Ruhe gefunden hatten.
An die 140 Mitglieder des Herrscherhauses Habsburg wurden seither

Kaiser Matthias, der erste Herrscher, der in der Kapuzinergruft bestattet wurde.
Gemälde von
Lucas van Valckenborch, um 1580.

hier beigesetzt, da bedurfte es einer mehrmaligen Erweiterung der ursprünglichen Gewölbe. Eine Entwicklung in Amtsauffassung, Lebensstil und Weltanschauung der Herrscher ist auch hier, an der letzten Station der Mächtigen von einst, zu spüren: Hat man für Maria Theresia und Franz Stephan von Lothringen noch einen prunkvoll-barocken Doppelsarkophag errichtet, so wird im schlichten Sarg Josephs II., ihres ältesten Sohnes, der weithin durchgesetzte Wille zur fundamentalen Staatsreform sichtbar.

Mag auch der letzte Wunsch zur ewigen Ruhe für die hier Beigesetzten oftmals ausgesprochen worden sein, technische Betriebsamkeit hat sich dennoch breitgemacht: Der Zahn der Zeit, beschleunigt durch die Menschenmassen, die sich hier Jahr um Jahr durchwälzen, läßt es unumgänglich erscheinen, den kaiserlichen Relikten durch eine Klimaanlage die entsprechende Atmosphäre angedeihen zu lassen.

Kapuzinergruft, 1., Neuer Markt, Tel. 512 68 53-0
U1, 1, 2, D, J
Öffnungszeiten: tägl. 9.30–16 Uhr, Besichtigungsdauer: ca. 3/4 Stunde

Grotten-Nische mit Herkules und den vier Elementen in der Eingangshalle des Österreichischen Theatermuseums

Der Palast auf dem Schweinemarkt

So hieß das Palais Lobkowitz, in dem heute das ÖSTERREICHISCHE THEATERMUSEUM untergebracht ist. Zwar wurde hier der Handel mit Schweinen im 17. Jahrhundert nach Protesten des wortgewaltigen Predigers Abraham a Sancta Clara eingestellt, doch die Pracht des fast italienischen Palais, der als erster größerer nichtkirchlicher Bau nach der Türkennot von 1683 errichtet wurde, ist uns erhalten geblieben. Bauherr des Hauses im 1. Bezirk, Lobkowitzplatz 2, war Philipp Siegmund Graf Dietrichstein, und Johann Bernhard Fischer von Erlach, der erste große Baumeister des österreichischen Barock, war von Anbeginn mit eingebunden. Versetzen Sie sich einmal in die Welt von anno dazumal: Natürlich fahren Sie mit einer Kutsche vor. Ein livrierter Diener öffnet den Wagenschlag, man geleitet Sie durch die Prunkeinfahrt vorbei an dem pompösen Brunnen, der Herkules mit den Symbolen der vier Elemente, Licht, Feuer, Wasser und Luft, zeigt. Ein zweiter Lakai weist Ihnen den Weg über die Prachtstiege. Ein dritter öffnet die Flügeltüren zum „Eroica-Saal", der erst später so getauft wurde, weil Beethoven hier seine 3. Symphonie zum erstenmal vor Publikum erklingen ließ. Aber auch Bach und Gluck haben hier musiziert. Sie blicken zur Saaldecke und bemerken, daß die 12 Allegorien über Wissenschaft und Kunst nicht Fresken sind, sondern Ölgemälde, die man später dort angebracht hat. Hier fanden die Festsitzungen der Kaiserlichen Maler- und Bildhauerakademie statt, und man berichtet Ihnen, daß 1812 die Gesellschaft der Musikfreunde dort gegründet wurde. Weil Sie das nicht gewußt haben, senken Sie bescheiden Ihren Blick, und es fällt Ihnen der vielbenützte Fußboden auf – ja, zur Zeit des Wiener Kongresses feierte man hier die rauschendsten Ballfeste unserer Stadt!

In der Geschichte des Hauses werden die Adelsfamilien Clam-Gallas, Harrach und Althan genannt. 1745 wurde das prestigeträchtige Gebäude Sitz derer von Lobkowitz, eines alten böhmischen Adelsgeschlechtes. 234 Jahre später verkauften diese ihren „Stadtpalast" an die Republik Österreich. Kein Wunder, daß man angesichts dieses Baues heute vom schönsten Theatermuseum der Welt spricht, das 1991 eröffnet wurde. Das Spektrum der Ausstellungsstücke in den Prunkräumen reicht

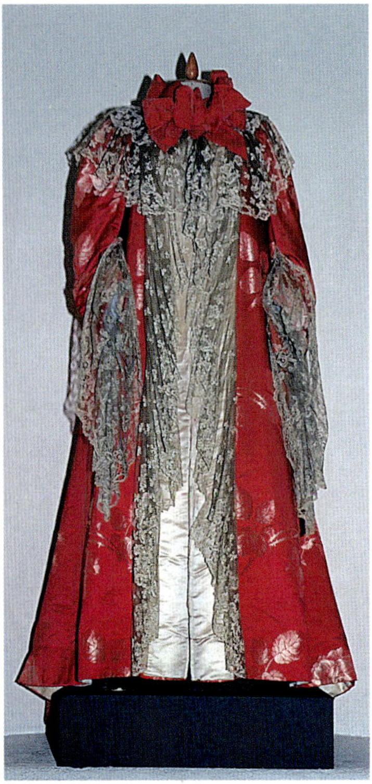

Kostüm von Adele Sandrock (1864–1937) als Magda in „Heimat" von Hermann Sudermann, Raimundtheater 1898

von der Theatergeschichte Alt-Wiens bis zur Theaterkunst der Gegenwart. Das Museum beherbergt 1,5 Mill. Objekte, darunter 70.000 Fachbücher, 100.000 Handzeichnungen und Graphiken, tausende Bühnenmodelle, Kostüme, Kulissenmalereien, diverse Theaterrequisiten, Handschriften bekannter Künstler, Originale von Beethoven, Wagner, Mahler und Goethe sowie eine dreiviertel Million Theater- und Filmphotos. Unter den grotesken Ausstellungsstücken finden Sie z. B. auch einen Schuhabsatz, den Gerhart Hauptmann auf der Bühne des Burgtheaters verlor, oder das Gebiß von Josef Kainz. Das Kernstück der großartigen Sammlung ist aber zweifelsohne der Figurenspiegel von Richard Teschner, der um die Jahrhundertwende die Kunst der Stabpuppenvorführung entwickelt hat. Kein Theater hingegen waren die Hinrichtungen, die im Mittelalter auf dem Lobkowitzplatz stattgefunden haben.

Österreichisches Theatermuseum
1., Lobkowitzplatz 2, Tel. 512 88 00
U 1, U 2, 1, 2, D, J
Öffnungszeiten: Di–So 10.30–17.00 Uhr
Besichtigungsdauer: ca. 2 Stunden

Originalstühle aus dem Max-Reinhardt-Seminar

PS.: Wenn Ihre Kinder ins Theater rutschen wollen, so können sie dies über eine Rutsche tun, die zu einem Kinder-Theatermuseum im Keller des Palais führt. Dort wird ihnen auf einer kleinen Bühne das Wesen des Theaters in spielerischer Weise vermittelt.

Kinder-Theatermuseum
Tel. 512 88 00-35
Öffnungszeiten: Di–So 10.00–10.30 u. 14.00–14. 30 oder gegen Voranmeldung

Oben: Operettenkomponist Emmerich Kálmán (links) und Regiestar Max Reinhardt
Unten: die Bühnenbildner Caspar Neher (links) und Teo Otto

Gedenkräume und Raumgedanken

von zehn PERSÖNLICHKEITEN DES MUSIK- UND THEATERLEBENS finden Sie im 1. Bezirk, Hanuschgasse 3. Dort verstecken sich in einer ehemaligen Großwohnung im 1. Stock Erinnerungsstücke an neun prominente Herren und eine nicht minder geachtete Dame, die durch die Zeit oder ihr Umfeld verbunden waren.

Der erste Raum ist MAX REINHARDT (1873–1943) gewidmet, der zuerst Schauspieler war. Als Regisseur begründete er 1920 die Salzburger Festspiele und bewahrte Österreich nach dem Zusammenbruch der Monarchie vor der künstlerischen Isolation. Besondere Furore machte seine Inszenierung von Hofmannsthals *Jedermann*. Unter seinen privaten Utensilien entdecken Sie Familiensiegel, Ordenskette und seine geliebte Füllfeder.

Sie gehen weiter zu CARL MICHAEL ZIEHRER (1843–1922). Es gibt kaum einen Platz in Wien, wo er nicht aufspielte, und Konzertreisen führten den Militärkapellmeister (Deutschmeister) und späteren Hofballmusikdirektor um die ganze Welt. Neben Ziehrers Klavier hängen Uniformrock und Paradesäbel. Seine weißen Lederhandschuhe und sein Zylinder liegen ausgehbereit da, wie wenn er sich wieder einmal mit dem Kronprinzen Rudolf, seinem persönlichen Freund, verabredet hätte.

Die silberne Operettenära vertritt hier EMMERICH KÁLMÁN (1882–1953), der es erfolgreich verstand, Zigeunerweisen in die Operette einzubinden. Der skeptische Komponist, der seine Freunde liebte, aber Gesellschaften haßte, hatte ein Faible für – die Farbe Rot.

Wir betreten den vierten Raum und begegnen dem exzentrischen Bühnenstar JOSEF KAINZ (1858–1910), einem Rhetorik-Vorbild seiner Zeit, nach dem alle zu „kainzeln" begannen (Kainz-Medaille als höchste Auszeichnung für Schauspieler). Der passable Zeichner schrieb auch Gedichte – aber Sie müssen seine Kurrentschrift lesen können!

Im Künstlerzimmer Nr. 5 erwarten uns eine Perücke und ein Dutzend Spazierstöcke von HUGO THIMIG (1854–1944), der als 20jähriger Schauspieler ans Burgtheater kam und 38 Jahre später dort Direktor wurde. Er förderte die österrreichische Moderne: Hofmannsthal, Salten, Zweig und Schnitzler.

Der Gedenkraum für Emmerich Kálmán

Kommen Sie weiter zu HERMANN BAHR (1863–1934), der mit seiner Gattin ANNA BAHR-MILDENBURG (1872–1947) den Raum teilt. Der Autor, Dramaturg, Regisseur und brillante Denker („In Wien zu leben muß ein Fluch sein – aber keiner wandert aus“) war auch Mitbegründer der Künstlervereinigung „Secession“.

Die Kammersängerin der Wiener Hofoper ist in Originalbildern von Gustav Klimt verewigt. Als Abschluß drei Bühnenbildner und ihre Entwürfe: TEO OTTO (1904–1968), den seine berühmt gewordenen „Lichtplastiken“ für uns lebendig erhalten – CASPAR NEHER (1897–1962), Professor der Meisterschule für Bühnenbildnerei und Festgestaltung an der Akademie der bildenden Künste – FRITZ WOTRUBA (1907–1975), Leiter der Meisterschule für Bildhauerei. Der international bekannte Künstler Wotruba kam erst mit 41 Jahren mit dem Theater in Berührung. Seine Skizzen und Entwürfe prägt ein gewaltiger Strich. Teo Ottos Malereien dagegen sind zartgliedrig in gedeckt-dunklen Farbtönen. Und Caspar Neher koloriert seine Kostümentwürfe und Bühnenausstattungen farbenfroh. Eine Atmosphäre voll Kreativität durchflutet diese Dauerausstellung und schürt Gedanken zum Gedenken …

Gedenkräume des Österreichischen Theatermuseums
1., Hanuschgasse 3, Tel: 512 24 27
U 1 (Karlsplatz), 1, 2, J, D
Öffnungszeiten: Di–Fr 10–12 und 13–16 Uhr, Sa und So 13–16 Uhr
Besichtigungsdauer für die Gedenkräume: ca. 1–2 Stunden

PS: Im selben Haus befindet sich das Wotruba-Studienzentrum mit dem gesamten szenischen Nachlaß des Künstlers.

Legenden des österreichischen Theaterlebens:
Oben: Josef Kainz, Hermann Bahr und Hugo Thimig
Unten: Fritz Wotruba, Carl Michael Ziehrer und
Anna Bahr-Mildenburg (jeweils von links nach rechts)

Vom römischen Friedhof

zum ungeliebten Kind der Stadtplaner wurde der KARLSPLATZ. Wäre da nicht der Resselpark, ein echtes Kleinod städtischen Erholungsraumes, der Karlsplatz bliebe das, was schon Otto Wagner konstatierte: Er ist kein Platz, sondern eine Gegend. Wenn er auch von so bedeutenden Gebäuden wie der Karlskirche, dem Künstlerhaus, dem Musikvereinsgebäude und der Technischen Universität gesäumt wird, wurde der Karlsplatz als solcher nie „geplant". Er ist eine über die Jahrhunderte hinweg zufällig entstandene Freifläche. Bemühungen, dieser Fläche eine Gestalt zu geben, scheiterten immer wieder aufs neue.
Als Verkehrsknotenpunkt mit mehrspurigen Straßen und öffentlichem Verkehr hat der Karlsplatz allerdings eine große Tradition. Bereits zur Zeit der Römer überquerte hier die europäische Limesstraße, die Britannien mit dem Orient verband, den Wienfluß. Sie verband aber auch Vindobona mit seinen 20.000 Einwohnern und Carnuntum, die Hauptstadt Pannoniens. Die Römer hatten die Gepflogenheit, an den Hauptstraßen mächtige Grabmonumente der einflußreichen Familien aufzustellen. Die Reisenden erhielten auf diese Weise Aufschluß über die wichtigsten Geschlechter der jeweiligen Stadt. Ein solcher Friedhof erstreckte sich fast über den gesamten Bereich des Karlsplatzes.
Im Hochmittelalter, als die Stadt so richtig aufblühte, entstand hier die erste Brücke Wiens für eine Handelsstraße in Richtung Süden.
Bis zur Ersten Türkenbelagerung befanden sich vor der Stadtmauer Gärten, Weinschenken und Handwerkerhäuser. Zur besseren Verteidigung der Stadt wurde nach der Türkenbelagerung ein breiter Ring um die Stadt mit Bauverbot belegt, das sogenannte Glacis entstand. Und damit wurde der Karlsplatz zum freien Platz, damals freilich noch vom nichtregulierten Wienfluß durchzogen. Bereits zu Beginn des 18. Jahrhunderts wurden Pläne zu seiner Regulierung ausgearbeitet, die blieben aber in der Schublade liegen. Statt dessen begann der Bau der bedeutendsten barocken Kirche Wiens, der Karlskirche. Kaiser Karl VI. hatte während der furchtbaren Pestepidemie von 1713 den Schwur getan, nach dem Erlöschen der Seuche ein Gotteshaus errichten zu lassen. Daß die Kirche ausgerechnet auf der unverbauten Anhöhe am rechten unregulierten Wienflußufer entstehen sollte, erklärt sich aus den dama-

ligen Besitzverhältnissen. Die Gegend war kaiserliches Eigentum und lag auf dem Weg von der Hofburg zur kaiserlichen Sommerresidenz, der „Neuen Favorita".

Entwurf Otto Wagners für die „Tiefbahnstation" Karlsplatz

Seine heutige Gestalt erhielt der Karlsplatz mit der endgültigen Regulierung des Wienflusses Ende des vorigen Jahrhunderts. Anläßlich der Einbettung und Überwölbung plante man auch ein leistungsfähiges Massenverkehrsmittel mit: die Stadtbahn. Und damit rückte die Gestaltung des Karlsplatzes in den Mittelpunkt des stadtplanerischen Interesses. Öffentliche Ausschreibungen, Gemeinderatsbeschlüsse, hohe Beteiligung der Öffentlichkeit und der Medien führten zu einer jahrelangen Diskussion, wie der Platz ausschauen oder besser nicht ausschauen dürfe. Der bedeutendste Jugendstilarchitekt, Otto Wagner, hatte sich mit Plänen für eine Neugestaltung des Platzes und den Bau eines Historischen Museums neben der Karlskirche engagiert. Doch die Verhinderer waren stärker, und vor einer definitiven Lösung kam der Erste Weltkrieg. Einzig die Otto-Wagner-Pavillons zeugen vom damaligen Gestaltungswillen. Ein Historisches Museum hat der Karlsplatz letztlich doch noch erhalten – fünfzig Jahre später und nicht im Jugendstil, sondern im typischen Stil der Nachkriegsarchitektur. Eine weitere „Behübschung" erfuhr der Karlsplatz 1992 durch die Kunsthalle, die bis zur Fertigstellung des Museumsquartiers Ausstellungen beherbergt. Die Stahlkonstruktion in Form eines Quaders hat von den Wienern auch gleich einen treffenden Namen bekommen: die Schuhschachtel.

1., Karlsplatz
U 1, U 2, U 4, 1, 2, 62, 65, D, J, 3 A, 4 A, 59 A, Badner Bahn
Spaziergang am Karlsplatz: ca. 1 Stunde

Ein Spionageepos aus der Besatzungszeit

machte das WIENER KANALSYSTEM, eine weitverzweigte Unterwelt, die die Stadt gesund erhält, berühmt. Wäre da nicht *Der Dritte Mann* gewesen – die Wiener Kanäle wären so wie in jeder anderen Großstadt auch. Aber mit der Verfilmung dieser Agentenstory aus dem Nachkrieg gelangte die weitverzweigte, zum Teil kunstvoll ausgestaltete Welt unter den Straßen Wiens zu weltweitem Ruhm. An die 2.000 Kilometer Länge hat das Kanalnetz bis heute erreicht. Ein Hinabsteigen in das unterirdische Leben der Stadt ist durchaus lohnend. Immerhin werden auch Führungen angeboten, um zu zeigen, wie das Funktionieren einer Großstadt bei den einfachsten Geschäften beginnt.
Die Bemühungen, im Haushalt anfallende Schmutzwässer und Abfallwässer aus gewerblichen Betrieben mit Hilfe unterirdischer Ableitungen zu erfassen, um die Stadtoberfläche von übelriechenden Bächen freizuhalten, gehen bereits in das Mittelalter zurück. Doch technisch war man noch nicht so weit, man hielt sich noch lange an das einfache Abflußgefälle. Durch das „hügelige" Stadtgebiet waren die Voraussetzungen gegeben, die Abwässer in offene Wasserläufe wie Donaukanal, Wienfluß, Als, Ottakringerbach, Franzosengraben und die zahlreichen Mühlbäche, die ihrerseits in die Fließgewässer mündeten, einzuleiten. Nach der Zweiten Türkenbelagerung wurde es üblich, neu entstandene Gebäude mit Ableitungen in Straßenkanäle auszustatten. Maria Theresia war es schließlich, die auch in diesem Bereich für eine weitere entscheidende Verbesserung sorgte: Auf ihren Erlaß hin wurden Hausbesitzer von der Stadtverwaltung dazu angehalten, die Nebenkanäle von den Häusern an die Straßenkanäle anzuschließen. Mitte des 18. Jahrhunderts war die Stadt innerhalb der Basteien bereits fast vollständig kanalisiert, während die Entwicklung in den Vorstädten nur langsam vor sich ging. Um 1830 waren immerhin mehr als drei Viertel der Häuser der Stadt an das Kanalnetz angeschlossen. Doch bedurfte es erst der verheerenden Choleraepidemie von 1831/32, damit ein weiterer Meilenstein zur Verbesserung der hygienischen Bedingungen der Stadt gesetzt wurde. Katastrophale Überschwemmungen hatten damals zu einer Verseuchung des Wassers in den Hausbrunnen geführt.

Das unterirdische Wien: Überlaufwerk des linken Wienfluß-Sammelkanals beim Karlsplatz

Das gab den Ausschlag zum Bau der beiden Sammelkanäle entlang des Wienflusses. Mit der Eingemeindung der Vororte ging man auch an die systematische Anschließung der neuen Stadtgebiete an das städtische Kanalnetz. Moderne Stadtplanung anno 1892: Mit der Regulierung des Donaukanals wurde auch der Bau von Sammelkanälen zu beiden Seiten dieses Gewässers beschlossen.
Der Reiz der über ein Jahrhundert alten Unterwelt der Stadt wird nicht nur in den Führungen durch die Kanäle offenbar. Daß sich die Gewölbe des Wienflußkanals auch als Kulisse für ein Lichtspieltheater bestens eignen, wurde schon im Kino-Sommer bewiesen.

Kanalführungen
Einstieg Karlsplatz
U 1, U 2, U 4, 1, 2, D, J, 62, 65, 59 A
Führungen von Mai bis Oktober auf Anfrage in der MA 30, Tel. 79514-93119
Besichtigungsdauer: ca. 30 Minuten

Terrakottafigur an der Fassade der Akademie der bildenden Künste

Probezeichnung „ungenügend“

lautete die Begründung, mit der 1907 der Bewerber Adolf Hitler von der AKADEMIE DER BILDENDEN KÜNSTE, 1. Bezirk, Schillerplatz 3, abgewiesen wurde. Obwohl er so gerne zeichnete. Die „Akademie“ (darunter verstand man ursprünglich einen Garten vor den Toren Athens, in dem Platon 387 v. Chr. seine Schüler unterrichtete) wurde in Wien 1872–1876 im Stil der italienischen Hochrenaissance errichtet. Der viergeschoßige Bau entstand nach Plänen von Theophil Hansen (1813–1891), der u. a. auch Parlament und Börse schuf und selbst Professor an dieser Lehranstalt war. Steigt man die Freitreppe zum Haupteingang empor, wird man strengen Blicks von zwei Kentauren gemustert. Vater dieser bronzenen Statuen ist der Bildhauer Edmund Hofmann von Aspernburg. Seine Kinder sind bereits über 100 Jahre alt. Zwischen Bogenfenstern werden Ihnen in den Nischen der Hausfassade 24 Terrakotta-Figuren auffallen, die einst von Studenten des Hauses nach antiken Vorbildern geformt und dann von einer Ziegelfabrik preisgünstigst angefertigt wurden. Als Gegenleistung durfte die Firma beliebig viele Reproduktionen dieser Figuren in Größen von 5 cm bis 3,5 m zum Verkauf anbieten. Ein geschicktes Kompensationsgeschäft. Im übrigen war dieser „Stil von der Stange“ zur Gründerzeit sehr beliebt. Auch der hochgeschätzte Professor Hansen bestellte die Pferdegespanne, die auf den Ecktürmen des von ihm entworfenen Börsegebäudes am Ring wiehern, aus einem Katalog. Was oft nach Handarbeit aussieht, war also schon vor 130 Jahren industrielles Massenprodukt.

Die Akademie als Ausbildungsstätte für Künstler geht auf die Initiative des Hofmalers und Bildhauers Peter Strudel zurück (die Strudelhofstiege im 9. Bezirk, unter anderem Namensgeber für den berühmten Roman von Heimito von Doderer, wurde nach ihm benannt). Als Institution gibt es die Schule seit 1692; 1705 wurde dann die private Akademie von Joseph I. in ein kaiserliches Institut „mit öffentlichem Charakter“ umgewandelt. In der Folge wechselte die Schule mehrfach ihren Standort, bis sie endlich ihre heutige Heimstatt fand. Die Kunsthochschule umfaßte Meisterklassen für Malerei, graphische Künste, Bildhauerei, Medailleurkunst, Kleinplastik, Naturstudien (Abendakt), Architektur, Bühnengestaltung, Restaurierung, Konservierung und Tapisserie. Aber Traditionen kann man ändern.

Durch die Einrichtung von „offenen“ Ateliers und Werkstätten gibt es nun eine größere Vielfalt in der Ausbildung. Die Meisterklassen haben Schwerpunkte erhalten: Hier lernt man z. B. gegenständlich und figürlich, dort non-figurativ und abstrakt zu malen, et cetera. Die Lehrer waren früher bedeutende Vertreter ihres Fachs – und sind es teilweise heute noch ...

Einzigartige Werke finden Sie in der Gemäldegalerie, die einen Überblick über die Entwicklung der europäischen Malerei vom 15. bis zum 18. Jahrhundert gibt! Rembrandt, Tizian, Cranach, van Dyck, Rubens, um nur einige zu nennen. Auch Hieronymus Bosch. Von ihm stammt das wertvollste Gemälde Österreichs, das „Weltgericht“, ein Triptychon, das 1500 entstanden ist. In der graphischen Sammlung und im Kupferstichkabinett finden Sie im Anschluß an eine riesige Fachbibliothek tausende Zeichnungen, Druckgraphiken, Aquarelle, Stiche, Holzschnitte, Radierungen und Lithographien – darunter auch einundzwanzig Werke von einem gewissen Günther Frank-Schmidek, einst Schüler der Akademie.

Akademie der bildenden Künste, 1., Schillerplatz 3, Tel. 58 816-225
Öffnungszeiten der Gemäldegalerie: Di–So 10–16 Uhr
Besichtigungsdauer (mit Galeriebesuch): ca. 3 Stunden

Die alte Hofapotheke, nachweisbar ab 1542

Unvergleichlicher Pferdeadel: Zuchthengst Conversano in der Box

Die älteste Reitschule der Welt

ist die SPANISCHE HOFREITSCHULE, und sie betreibt wahrlich viel Aufwand für eine „bedrohte Tierart“: Die berühmten Lipizzaner müssen ins Solarium – und die Schimmel bleiben trotzdem weiß. Was sich wie ein Aprilscherz anhört, wird mit den Lipizzanern tatsächlich regelmäßig praktiziert. Die Bestrahlung dient der Steigerung der Abwehrkräfte, nachdem die älteste europäische Kulturpferderasse im Jahr 1983 durch eine Virusinfektion beinahe ausgerottet worden ist.
Und noch ein Kuriosum zeichnet die weißen Prachtpferde aus, die längst zu lebenden Wahrzeichen Wiens geworden sind: Die Lipizzaner stehen auf der Liste der besonders gefährdeten Tierarten – das schlicht deshalb, weil jede Rasse auf die Liste gesetzt wird, deren weltweiter Bestand unter einige tausend Exemplare gerutscht ist.
Daß es sich dennoch um eine sehr beständige Rasse handelt, beweist das 425jährige Jubiläum des Instituts im Jahre 1997, das 1572 als

Die klassischen Utensilien eines Bereiters der Spanischen Hofreitschule: Zweispitz, Sattel und Reitgerte

Spanischer Reithstall das erstemal genannt wird. Importiert hat die ersten Pferde, die zur Züchtung der begehrten Schimmel herangezogen wurden, Karl II. von Innerösterreich aus Spanien. Die Rösser galten als die klügsten und feurigsten Pferde Europas und waren schon damals Prestigeobjekte.

Die Zucht hatte zweierlei Aufgaben. Zum einen entdeckte man an den Fürstenhöfen wiederum die klassische Reitkunst – die „Hohe Schule“ – und versuchte sie in Reitschulen entsprechend zu kultivieren. Zum anderen gehörte sie zur Erziehung der adeligen Jugend, von angehenden Diplomaten und Feldherren.

Der Name „Lipizzaner“ leitet sich vom Gestüt im slowenischen Lipica nahe Triest ab. Zur Zeit werden mehr als 70 Hengste ab dem Alter von

dreieinhalb Jahren ausgebildet. Aber nur wenige Pferde sind dem zehn Jahre dauernden Training gewachsen, um erfolgreich abzuschließen und bei den Vorführungen der Hofreitschule mitzuwirken. Entsprechend hoch ist dann der Wert für einen fertig ausgebildeten Hengst: rund 1 Million Schilling. Die Lipizzaner sind damit auch im Ausland ein heißbegehrtes Geschenk, und so konnte sich etwa der frühere US-Präsident Ronald Reagan über ein „Mitbringsel" von Bundeskammerpräsident Rudolf Sallinger freuen. Der Schimmel auf der Wiese vor dem Weißen Haus – Bilder, die um die Welt gingen.
Daß solch edle Tiere rund um die Uhr betreut werden und die Pfleger auch in der Stallburg selbst nächtigen, gehört da durchwegs zum Programm. Ein Umstand, der in der Nacht vom 26. auf den 27. November 1992 die Katastrophe abwendete: Beim Brand der Hofburg konnte das fachkundige Personal die verstörten Rösser schnell in den Volksgarten in Sicherheit bringen – bis auf einige Hautabschürfungen blieb das Nationalheiligtum nahezu unversehrt.
Und weil es zum guten Stil gehört, werden die ersten Pferde der Nation auch auf Sommerfrische geschickt: Fünf Wochen lang dürfen sie sich im Lainzer Tiergarten und im steirischen Gestüt Piber von den Strapazen der Schulsprünge im Jahresbetrieb, den Courbetten, Levaden und Kapriolen, erholen. Und dazu hat man ihnen an ihrem Stammplatz in der Reitschulgasse auch noch eigene Schauräume eingerichtet: das Lipizzanermuseum in der ehemaligen Hofapotheke.

Spanische Hofreitschule und Lipizzanermuseum
1., Reitschulgasse 2, Tel. 526 41 84-30
U 3 (Herrengasse), 2 A
Öffnungszeiten: tägl. 9–18 Uhr
Besichtigungsdauer: ca. 1 Stunde

Der Haupteingang des Looshauses

Der Skandalbau

erregte die Gemüter in einem Grad, wie dies bei einem architektonisch eigenwilligen Neubau auch heute nicht schlimmer sein könnte. Das LOOSHAUS mit seiner glatten Oberfläche, ohne Ornamente, mit einer Fassade, deren Fenster nicht einmal Umrahmungen hatten – so etwas hatte man in Wien noch nicht gesehen. Kaiser Franz Joseph nannte den Bau „das Haus ohne Augenbrauen", und Thronfolger Erzherzog Franz Ferdinand war dermaßen schockiert und empört darüber, daß die moderne Architektur noch dazu in unmittelbarer Nachbarschaft der Hofburg Platz gefunden hatte, daß er fortan den Gang durch das Michaelertor mied.

Auch die Behörden hatten den Bau behindert, unterbrochen und schließlich nach Protesten im Gemeinderat sogar nachträglich die Auflage erteilt, daß Blumenkästen anzubringen seien, und im Grundbuch wurde dem Eigentümer die Verpflichtung auferlegt, daß die Blumenkästen stets geschmückt, bepflanzt und gepflegt werden müßten. Mit seinem Hauptwerk am Michaelerplatz 3, das er von 1909 bis 1911 errichten ließ, war Adolf Loos zweifellos seiner Zeit voraus. Ein dreijähriger Amerikaaufenthalt noch vor der Jahrhundertwende hatte ihn nachhaltig geprägt und veranlaßt, gegen die damalige Bauweise in Wien scharf zu polemisieren und schließlich mit den Architekten der Secession, die zu der Zeit den Ton angaben, zu brechen. Seine Hauptkritik

Die schockierend glatte Oberflächengestaltung von Adolf Loos löste heftige Diskussionen aus.

richtete sich gegen das „Ornament am Gebrauchsgegenstand". Schon ein Jahrzehnt zuvor hatte er in der schlichten Gestaltung des „Café Museum" diesen Stil kreiert. Das Lokal wurde wegen seiner radikal einfachen Ausstattung auch „Café Nihilismus" genannt.

Mit dem „Looshaus" erhob er die einfache funktionelle Linie zum Programm: unten die Verkaufszone, oben die Wohntrakte. Gebaut hat Loos – ausführender Architekt war Ernst Epstein – das Haus für die Herrenschneider Goldmann Salatsch. Die Verkaufshalle des Unternehmens war mit edlen Hölzern ausgestaltet, die jedoch 1938 der Spitzhacke zum Opfer fielen – die Nationalsozialisten gestatteten einem Autokonzern, hier Automobile auszustellen.

Nachdem das Gebäude vor 10 Jahren von einer Bank erstanden wurde, hat man es generalsaniert und die ursprüngliche Einrichtung rekonstruiert – so etwa die Holzstiege, die vom unteren Geschoß der Verkaufshalle in den Mezzanin führt.

Auch wenn es zur Zeit seiner Entstehung für viel Zank und Kritik sorgte – später begannen die Wiener das Baujuwel in der Stadtmitte zu schätzen: Bereits im Jahre 1947 wurde das Looshaus unter Denkmalschutz gestellt.

Looshaus, 1., Michaelerplatz 3, Tel. 211 36-2114
U 1, 2 A, 3 A
Besichtigung: nach telefonischer Voranmeldung (Dauer: ca. 30 Minuten)

700 Jahre Baustelle

und ein einzigartiger Stilmix – das ist die HOFBURG. Gäbe es da nicht den ehrwürdigen Stephansdom, der seit seiner Grundsteinlegung vor gut 850 Jahren Dutzende Veränderungen über sich ergehen lassen mußte und dauerhaft renovierungsbedürftig ist, verdiente wohl die Hofburg den Titel „älteste Baustelle Wiens". Umso mehr, als von ihrer ursprünglichen Planung heute kaum noch etwas zu sehen ist.

Es gehörte durch die Jahrhunderte zum guten Ton der Herrscher, sich durch Um- oder Anbauten der Residenz zu verewigen. Und weil der jeweils neue Teil dem geltenden zeitgenössischen Stil entsprechen mußte, ist der Gang durch die Hofburg zugleich ein Rundgang durch die Geschichte der Baukunst der letzten 700 Jahre.

Ursprünglich residierten die Babenberger „Am Hof". Großangelegte Paläste für den Landesfürsten waren damals noch nicht der Stil der Zeit. Ein Wohnhaus mit Beigebäuden und ein Platz für diverse Veranstaltungen haben gereicht. Doch die österreichischen Babenberger starben im Mannesstamm mit Friedrich dem Streitbaren, der in einem Gefecht gegen die Ungarn 1246 an der Leitha fiel, aus.

Mit der Herrschaft des Königs von Böhmen, Ottokar II. Przemysl, begann in der Zeit des sogenannten „Interregnums" die eigentliche Baugeschichte der Hofburg. Ottokar ließ beim mittelalterlichen Widmertor eine Burganlage errichten, weil die Babenbergerpfalz Am Hof den Bedürfnissen eines Herrscherhofes nicht mehr entsprach. Dieser älteste Kern der Hofburg war ein befestigter Vierkantbau mit Wehrtürmen und einem breiten Burggraben sowie mit der Burgkapelle. Die Ausmaße der Burg von damals machten nicht einmal ein Zehntel der heutigen Dimensionen aus.

In der Schlacht bei Dürnkrut unterlag Ottokar dem römisch-deutschen König Rudolf I. von Habsburg, und von da an, wir schreiben das Jahr 1278, sind die Habsburger die Hausherren der Hofburg.

Einige von ihnen, man denke an Kaiser Friedrich III. oder seinen Sohn Maximilian I., bevorzugen aber noch zwei Jahrhunderte hindurch andere Städte wie Wiener Neustadt oder Innsbruck als Residenzen. Doch nach der Ersten Türkenbelagerung 1529 wird Wien unter Kaiser Ferdinand I. endgültig und dauerhaft zur Residenzstadt. Die Bauwut

Symbol des imperialen Wien: die Michaelerkuppel, errichtet 1889–1893

der Habsburger konnte sich an „ihrer Burg“ nun so richtig entfalten. Ferdinand ließ ein Renaissancepalais als Residenz für seinen Sohn Erzherzog Maximilian erbauen, die „Stallburg“. Doch der Palast an der östlichen Flanke der Hofburganlage erwies sich als reines Prestigeprojekt. Mangels Benützung wurde er zehn Jahre später zu Stallungen umfunktioniert – und kam so zu seinem Namen. Die nächste Etappe folgte noch Ende des 16., Anfang des 17. Jahrhunderts durch Rudolf II. Er ließ die Amalienburg errichten. Heute Amtsgebäude mit der Adresse Ballhausplatz 1 (gegenüber dem Bundeskanzleramt), diente sie Jahrhunderte hindurch der kaiserlichen Familie als Wohnraum, so zum Beispiel auch Kaiserin Elisabeth („Sisi“), daher auch die nach ihr benannten „Elisabeth-Gemächer“. Die Amalienburg besaß ursprünglich, wie auch die Stallburg, keine Verbindung zum Kern der Hofburg. Diese ließ erst Kaiser Leopold I. mit seinem langgestreckten Trakt entlang dem heutigen Heldenplatz herstellen, großzügig in der frühbarocken Ausgestaltung und vier Stock hoch. Der „Leopoldinische Trakt“ brannte zwar im ersten Jahr nach seiner Fertigstellung ab, erlangte aber nach seiner Wiedererrichtung größte Bedeutung, da sich hier die Gemächer und Empfangsräume von Maria Theresia und Joseph II. befanden. Prunk und Pracht der Räumlichkeiten sind erhalten geblieben, heute residiert hier der Bundespräsident. Der Balkon an diesem Trakt auf der

In der Neuen Burg: Waffensammlung des Kunsthistorischen Museums

Seite zum Heldenplatz soll auf Maria Theresia zurückgehen: Wenn ihre Kinder, 16 waren es insgesamt, draußen spielten, wollte sie sie von oben auch beaufsichtigen können. Und obwohl Maria Theresia Schloß Schönbrunn als Aufenthaltsort bevorzugte, hinterließ ihre Amtszeit Spuren an der Burg.

So mußte ein eben gerade erst errichtetes Opernhaus den Redoutensälen weichen; der Trakt am Josephsplatz wurde durch einen Brand im Jahre 1991 schwer beschädigt und erstrahlt erst seit 1997 wieder in neuem Glanz.

Maria Theresias Nachfolger, ihr ältester Sohn Joseph II., übte Zurückhaltung, er förderte lieber soziale Projekte wie das Allgemeine Krankenhaus, das unter seiner Amtszeit entstand. Ein halbes Jahrhundert blieb die Hofburg ausnahmsweise fast unverändert. Lediglich der Burggraben an der östlichen Seite wurde zugeschüttet.

Bevor Maria Theresia den Leopoldinischen Trakt bezogen hatte, war die Hofburg durch Karl VI. wie nie zuvor gewachsen. Die Zweite Türkenbelagerung war überstanden, und die Stadt stand ganz im Zeichen des Barock. Im Auftrag des Kaisers plante Fischer von Erlach

die Hofbibliothek heute das Frontgebäude am Josefsplatz, den Reichskanzleitrakt, heute Verwaltungsgebäude entlang der Schauflergasse, und die Winterreitschule.
Fischer von Erlach war in seiner Planungslust kaum zu stoppen. So hat er auch die Entwürfe für das eindrucksvolle Michaelertor und den anschließenden Michaelertrakt erstellt. Die Realisierung ließ aber noch 150 Jahre auf sich warten.
Denn erst das 19. Jahrhundert brachte dann die letzte Phase einer pompösen Erweiterung der Hofburg. Franz II. ließ zu Beginn des Jahrhunderts den sogenannten Zeremoniensaal bauen, heute das Konferenzzentrum. Unter Franz Joseph wurden schließlich die Burgmauern geschliffen und die Ringstraßenbauten errichtet. Für die Hofburg hieß das, daß sie um den riesigen Trakt an der Südseite des Heldenplatzes im historistischen Stil, die sogenannte Neue Burg erweitert wurde. Zweifelhafte Weltberühmtheit erhielt dieser Teil 1938: Vom Balkon der Neuen Burg hielt Adolf Hitler seine umjubelte Rede nach dem Anschluß Österreichs an „Großdeutschland".
Das Corps de logis und das Völkerkundemuseum verbanden schließlich 1907 die Hofburg mit der Ringstraße. Aus dieser Zeit stammt auch das Jugendstil-Glashaus im Burggarten.
Die Hofburg war zu jeder Zeit ein sehr belebter Ort. 3000 Bedienstete waren in der Hochblüte des Hofes – zu Zeiten Leopolds I. – hier beschäftigt. Sie hatten nicht nur die Kaiserfamilie zu bedienen, sondern auch das „spanische Hofzeremoniell hochzuhalten". Darin war jede Kleinigkeit des Hoflebens geregelt – ein aufwendiges Programm, das auch für Kaiserin Sisi eine unerträgliche Fessel war. Ihre Empfindungen für die Zwänge des Hofes und die neugierigen Gaffer um sie hat sie in ein Gedicht gefaßt:

Zu toll wird endlich mir der Spaß; und nichts mehr soll mich hindern;
Ich drehe eine lange Nas' und zeig ihnen den H.....n.

Hofburg, 1., Burgring–Heldenplatz–Michaelerplatz–Josefsplatz
U 2, U 3 (Volkstheater), 1, 2, D, J, 46, 49, 2 A, 3 A, 48 A
Besichtigung (je nach Umfang): ca. 2–4 Stunden

Gold, Silber, Edel-steine

Die Krone des siebenbürgischen Großfürsten Stephan Bocskay, Anfang 17. Jahrhundert

waren Jahrhunderte hindurch Symbole der Macht, mochten sie auch einfach nur Geschenke oder Rücklagen für schlechtere Tage sein. Man kann Pracht, Prunk und Reichtum aber auch übertreiben.

So jedenfalls mutet es an, betrachtet man in der SCHATZKAMMER die Taufgarnitur, bestehend aus Schüssel und Kanne, aus dem Besitz der Habsburger – ein Hochzeitsgeschenk der Kärntner Stände an Erzherzog Karl und Gemahlin Maria im Jahre 1571. Pures Gold, mehr als 13 Kilogramm wiegt die Garnitur. Die Sorge, man könnte den Täufling damit erschlagen, scheint nicht unberechtigt.

So hat man der Original-Garnitur ein zierliches Gießkännchen aus der Prager Hofwerkstatt beigegeben, handlich und dem Zweck völlig entsprechend. Die große Goldkanne eignete sich fürderhin besser zum Händewaschen bei der Festtafel.

Daß nicht alle Kostbarkeiten, die das Herrscherhaus durch die Jahrhunderte ansammelte, einem bestimmten Zweck zuzuordnen sind, zeigt sich auch im Schmuckraum der Schatzkammer. Hier ist der einzigartige, angeblich weltgrößte Smaragd von 2680 Karat aufbewahrt. Ein prachtvoll geschliffenes Meisterstück, das sich mit 10 cm

Höhe und 8,5 cm Länge nicht unbedingt für eine Halskette eignet.
So sind sie von unschätzbarem Wert, diese kostbaren Juwelen, die durch die Jahrhunderte auch als Ausstellungsstücke in der weltlichen und geistlichen Schatzkammer gesammelt wurden. Schon unter Maria Theresia waren sie einer ausgewählten Öffentlichkeit zugänglich. Und jedes Stück ist durch Auswahl der Materialien, Bearbeitung und Besitztum eine Besonderheit. Das gilt nicht nur für die Insignien des Heiligen Römischen Reiches: Krone, Zepter und Zeremonienschwert, allesamt 1000 Jahre alt.
Auch zwei „unveräußerliche Erbstücke" wurden wegen ihrer Einzigartigkeit unter den Schutz der Krone gestellt und damit in den dauerhaften Besitz der Herrscherfamilie übernommen: Das eine ist die antike Achatschale. Sie wurde vermutlich im 4. Jahrhundert in Konstantinopel mit einem Durchmesser von 75 Zentimeter aus einem Stück geschliffen. Angeblich kann man, wenn die Lichtverhältnisse gut sind und man reinen Herzens ist, den Namen Christi im Stein leuchten sehen. Durch die Jahrhunderte behaupteten dies jedenfalls gewisse Betrachter.
Das zweite unveräußerliche Stück hat auch seine religiöse Mystik: ein Horn. Es ist ein in sich gedrehter Stab, ähnlich Elfenbein und zweieinhalb Meter lang. Es wurde dem fabelhaften Einhorn zugeschrieben. Denn das Einhorn symbolisiert in religiöser Ausdeutung die Menschwerdung Christi und die Jungfräulichkeit Mariens. Viel wahrscheinlicher handelt es sich um den Zahn eines Narwals, dann jedoch um den größten, der je angeschwemmt wurde. Gehandelt wurden diese Horngebilde zum mehrfachen Kilopreis von Gold.
Diese zwei Stücke wurden von den Söhnen Ferdinands I. im 16. Jahrhundert für so wertvoll erachtet, daß sie einen Vertrag schlossen, daß die „unveräußerlichen Erbstücke" für immer im Familienbesitz und damit in der Schatzkammer bleiben sollten.

Schwer zu tragen hatten Majestäten und Eminenzen nicht nur unter der Last ihrer Ämter, sondern auch unter ihren Juwelen – und dies im wahrsten Sinne des Wortes. So wiegt etwa der vom „Hoftheaterkostümdirektor“ geschneiderte Krönungsmantel von 1830 stolze 15 kg. Auf nicht viel weniger bringt es ein Ornat aus dem Jahre 1133. Rund 30.000 Perlen sind darin eingestickt. Dem Umstand, daß derlei Schwergewichte nicht zur alltäglichen Gewandung reizen, haben wir zu verdanken, daß Dutzende kostbarer Ornate aus der weltlichen und geistlichen Schatzkammer unabgenützt erhalten geblieben sind.
Doch auch für die neugeborenen Nachkommen ließen sich die Majestäten von Gottes Gnaden nicht gerade lumpen. Für den Sohn der Habsburgerin Marie Louise, der Gemahlin Napoleons, wurde eine Wiege geschmiedet, in die allein 280 kg Silber verarbeitet wurden. Der junge Sprößling der Dynastie Bonaparte erhielt schon bei der Geburt den Titel „König von Rom“, womit frühzeitig der Anspruch auf die Weltherrschaft angemeldet werden sollte. Diesem Anspruch hatte auch die Wiege zu genügen – in Gestalt eines Thrones für den Säugling. Für sein alltägliches Schlafbedürfnis wurde dem kleinen Sohn des großen Korsen allerdings eine Version aus Wurzelmaserholz mit Beschlägen aus vergoldeter Bronze gezimmert. Die teurere Ausführung hat Marie Louise nach dem Sturz Napoleons 1814 mit nach Wien genommen.

Schatzkammer, 1., Hofburg/Schweizerhof, Tel. 521 77-0
2 A
Geöffnet tägl. außer Di 10–18 Uhr
Besichtigungsdauer: ca. 2 Stunden

Krönungsmantel von Kaiser Franz Joseph I.

Jugendlicher Athlet. Bronzefigur von Josef Müllner, 1921

Was verbirgt der Theseus-Tempel

im VOLKSGARTEN? Die alten Griechen sagten zwar „Glaube an göttliche Helden und verehre sie, aber forsche ihnen nicht nach". Als Menschen von heute halten Sie sich – so nehme ich an – weniger an solche Weisheiten und wollen wissen, wofür dieses eigenartige Gebäude im Volksgarten dienen soll. Der Tempel ist eine Nachbildung des antiken dorischen Theseions in Athen.

Er wurde von Pietro Nobile (1774–1854) in den Jahren 1820–1823 extra zur Aufnahme einer Figurengruppe des Bildhauers Antonio Canova (1757–1822) geschaffen. Die Marmorgruppe „Theseus' Kampf mit den Kentauren" entstand 1804–1819. Einer Sage zufolge soll sich bei der Hochzeit des Lapithenkönigs Peirithoos mit Hippodameia in Thessalien der Kentaure Eurytion im Weinrausch an der Braut vergriffen haben, worauf auch die übrigen Kentauren die Frauen der Lapithen zu verführen und zu rauben versuchten. Doch mit Hilfe des befreundeten Waffengefährten Theseus konnten die Kentauren besiegt und vertrieben werden. Nach dem Kauf der Figurengruppe durch Kaiser Franz I. befand sich diese bis 1890 im Theseustempel. Seither ist sie im Kunsthistorischen Museum im Hauptstiegenaufgang zu bewundern. Später wurde der Tempel vor allem zur Präsentation von Funden aus Ephesos verwendet, gelegentlich aber auch für Kunstausstellungen.

Wie ist der Volksgarten überhaupt entstanden? 1809 sprengten die Franzosen die Burgbastei, 10 Jahre später wurde hier der Park angelegt und am 1. März 1823 feierlich eröffnet.

Bei einem Rundgang begegnen Sie der Brunnengruppe „Faun und Nymphe“ und den Denkmälern für den Dichter Franz Grillparzer und den österreichischen Bundeskanzler Julius Raab (der maßgeblich am Abschluß des Staatsvertrages von 1955 beteiligt war). Sie treffen auch auf eine Marmorthronfigur der 1898 ermordeten Kaiserin Elisabeth. Beim Grillparzer-Denkmal (1889 von Karl Kundmann gestaltet) finden Sie an den Wandflügeln Szenen aus sechs Dramen, von links nach rechts: *Die Ahnfrau, Der Traum ein Leben, König Ottokars Glück und Ende, Sappho, Medea* und *Des Meeres und der Liebe Wellen.* Vor letztgenanntem stehen verklärt die Pärchen – und spätestens nach einer Minute wird sie seine Hand ergreifen. Passen Sie auf!

Sehenswert ist noch die Bronzefigur eines jugendlichen Athleten, die vor dem Theseustempel steht und von dem Bildhauer Josef Müllner 1921 angefertigt wurde. Josef Müllner schuf unter anderem auch das Denkmal für Bürgermeister Karl Lueger. Übrigens erbaute man gleichzeitig mit dem Theseustempel ein Kaffeehaus, in dem Johann Strauß Vater, Joseph Lanner und Eduard Strauß aufspielten. Wenn Sie dort ihren Großen Braunen trinken, werden Sie sich beim Summen eines Walzers ertappen. In der warmen Jahreszeit sind Sie in diesem Park von Tausenden von Rosen umgeben – und jede Rose trägt einen berühmten Namen. Sie müssen nur das beigefügte grüne Schildchen lesen. Vielleicht ist auch Ihr Name dabei …?

Ein Ort der Ruhe: das Denkmal für Franz Grillparzer von Karl Kundmann

Theseustempel, 1., Volksgarten
U 2, U 3, 1, D, J
Parkspaziergang: ca. 30–60 Minuten

Das Turmuhrwerk von St. Stephan,
1699 angefertigt von dem Schlosser und
Uhrmacher Joachim Oberkircher

Ticken Sie richtig,

die Uhren im Obizzipalais? Dort ist nämlich das UHRENMUSEUM DER STADT WIEN untergebracht: 1. Bezirk, Schulhof 2, in der Nähe des Platzes Am Hof. Der Grund gehörte vom 13. Jahrhundert bis 1421 zum sogenannten „Judengarten“, der ein Teil der damaligen Judenstadt war. Nach der Vertreibung bzw. Ermordung der Juden in der Wiener Geserah 1421 veranlaßte Albrecht V., daß die Liegenschaft zu einem Teil des Karmeliterfriedhofs wurde. 1544 ging diese Örtlichkeit an die Jesuiten über. Ein Vierteljahrtausend später wird sie „Schulhof“ genannt, eine Bezeichnung, die sich von der mittelalterlichen Judenschule ableitet. Das Haus des Uhrenmuseums wird 1547 zum erstenmal urkundlich erwähnt. Es ist recht amüsant zu verfolgen, wie das Gebäude gewachsen ist: Die ersten Besitzer waren Bäcker – da war das Haus noch ebenerdig. Dann lebte hier der Kramer Hans Andre – da war das Haus bereits einstöckig. Es folgten die Jesuiten und die Familie Fux – nun wies das Haus schon zwei Stöcke auf. Und schließlich zog 1690 Feldmarschall Ferdinand Marchese degli Obizzi (von dem das Palais seinen Namen erhielt) ein – jetzt wurde das Gebäude mit drei Stockwerken versehen und seinem prominenten Besitzer entsprechend mit barocken Schneckenrollen verziert. *Noblesse oblige* – Adel verpflichtet. Es dauerte aber nicht lange, da hatte das Haus wieder bürgerliche Eigentümer. Die Schneckenrollen durften bleiben. Und schließlich wurde die Liegenschaft 1901 von der Gemeinde Wien zur „Verbesserung der Verkehrswege“ angekauft. An der Straßenbreite hat sich jedoch bis heute nichts geändert – des einen Leid ist des anderen Freud'. Das historische Stadtbild jedenfalls blieb erhalten.
Zu unserem Uhrenmuseum: Es wurde 1917 unter Bürgermeister Richard Weiskirchner als erstes Uhrenmuseum der Welt gegründet. Die Vorgeschichte dazu: Der Mittelschullehrer Rudolf Kaftan (1870–1961) hatte im 19. Bezirk eine große private Sammlung von Chronometern, die von Jahr zu Jahr wuchs. Da er bald keinen Platz mehr hatte, verkaufte er sie preisgünstig der Stadt Wien. Dies jedoch mit der Auflage, ein Uhrenmuseum in einem repräsentativen Gebäude der Innenstadt zu schaffen. Schlauerweise bat er sich zusätzlich aus, als Betreuer und Kustos des Museums in der Nähe seiner geliebten Uhren bleiben zu

dürfen. Der Zweck heiligt die Mittel ... (Grundsatz des Jesuitenordens!).

Im Besitz des Museums befinden sich heute ca. 3.600 wertvolle Zeitmesser. Aus Platzgründen können aber nur etwa 1.000 Uhren ausgestellt werden. Darunter befindet sich die Privatsammlung der Dichterin Marie von Ebner-Eschenbach, die eine fanatische Uhrensammlerin war und etwa 270 Chronometer ihr eigen nannte. Unter diesen ein Zeitmesser, dessen Werk aus Elfenbein geschnitzt ist. Noch als alte Dame ging sie zu einem Uhrmachermeister in die Lehre und reparierte alle ihre Uhren selbst.

Alte Uhrmacherkunst: Taschenuhr aus der Zeit um 1860

Neben solchen Kostbarkeiten finden Sie noch andere seltene Stücke wie ein Wunderwerk aus dem 17. Jahrhundert, das nicht nur über einen der ersten Wecker verfügt, sondern Ihnen auch Ihr tägliches Horoskop sagt. Sie entdecken eine Uhr von Marie Antoinette und eine andere der Burgschauspielerin Katharina Schratt, ein Geschenk Kaiser Franz Josephs an seine Geliebte.

Das größte Objekt der Sammlung ist zweifelsohne die imposante Turmuhr von St. Stephan; das kleinste ein sogenannter „Zappler", eine Standuhr mit zwei Pendeln, die winziger als ein Fingerhut ist! Das Museum liefert einen lückenlosen Überblick über die technische Entwicklung der Räderuhr im Laufe der Jahrhunderte. Nehmen Sie sich Zeit – Sie

Taschenuhr aus dem Biedermeier, um 1830

werden sehen, sie ticken richtig, die Uhren im Obizzipalais. Es ist doch mit der Weltenuhr wie mit der in der eigenen Wohnung: Am Tage sieht man sie wohl, aber hört sie fast gar nicht. Des Nachts aber hört man sie gehen wie ein großes Herz …

Uhrenmuseum der Stadt Wien
1., Schulhof 2, Tel. 533 22 65
U 1, U 3, 1 A
Öffnungszeiten: Di–So 9–16.30 Uhr
Besichtigungsdauer: ca. 1 1/2 Stunden

Am Tag nach der Premiere,

noch vor Beginn der Abendvorstellung von *Hoffmanns Erzählungen,* brach hinter der Bühne in einem der Beleuchtungskästen Feuer aus. Nach etwa sieben Minuten standen bereits Bühne, Schnürboden und Versenkung in Flammen. Durch das explosionsartige Hinausschlagen des Vorhangs, der die Bühne vom Zuschauerraum abschloß, brach Panik aus, die durch das Erlöschen der Gasbeleuchtung noch gesteigert wurde. Zu den Opfern zählten vor allem Besucher der oberen Ränge, die nicht rechtzeitig die Ausgänge erreichen konnten. Zudem gingen die Türen nach innen auf. Erst nach elf Minuten wurde die Feuerwehr benachrichtigt. Auch die in fast allen Theatern übliche Praxis, die „Drahtcourtine" nicht herunterzulassen und die dazu benötigte Kurbel deshalb nicht zu besetzen, trug zur Vergrößerung des Unheils bei. Mindestens 386 Menschen fanden den Tod, eine genaue Zahl der Opfer konnte niemals eruiert werden. Jene Opfer, die nicht identifiziert werden konnten, wurden in einer von der Stadt Wien zur Verfügung gestellten Grabstätte auf dem Zentralfriedhof bestattet.

So berichtet Felix Czeike im *Historischen Lexikon Wien* über den Ringtheaterbrand vom 8. Dezember 1881. Ein riesiges Gemälde über diese Brandkatastrophe, eine der größten in der Geschichte Wiens, ist im WIENER FEUERWEHRMUSEUM Am Hof erhalten.

Wieder einmal hatte etwas passieren müssen, damit etwas passiert: Der Brand hatte nicht nur einen Prozeß zur Folge, bei dem der Bürgermeister Julius Newald – er hatte wegen des Unglücks sein Amt niedergelegt – zusammen mit dem Polizeirat und fünf weiteren Personen auf der Anklagebank saß. Aufgrund des Ringtheaterbrandes kam es zu grundlegenden Reformen der Bauvorschriften und zur Einrichtung einer schlagkräftigen Feuerwehrorganisation.

Dabei war das Feuerwehrwesen in Wien schon längst etabliert. Die erste Feuerordnung stammt aus dem Jahr 1454. Mit der Einsetzung von „Feuerknechten" Ende des 17. Jahrhunderts beginnt die Geschichte der Berufsfeuerwehr.

Die von Maria Theresia erlassene Feuerpolizeiordnung bewirkte, daß Tag und Nacht angeschirrte Pferde in Bereitschaft standen. Durch die Einsetzung einer Feuerbeschaukommission wurden Maßnahmen zur

Der erste Dampf-Spritzenwagen, 18. Jahrhundert

Die ersten „Uniformen" des Löschpersonals (der „Feuerknechte")

Das Mittagszeichen der Stadt Wien

Brandverhütung gesetzt. Ferner gab es eine Verpflichtung zur Feuermeldung. Wer der erste war, bekam eine Prämie.
Belegt ist die Existenz der berüchtigten „Hofspritze“ bis Mitte des 19. Jahrhunderts. Von sechs Schimmeln gezogen, kam sie mit großem Getöse daher – und das meist zu spät. In den zwanziger Jahren wurden die Freiwilligen Feuerwehren der ehemaligen Vorstädte aufgelöst und der Berufsfeuerwehr eingegliedert. 1928 wurde die Feuerwehr zu einem eigenständigen Amt erhoben. Wie man jahrhundertelang versuchte, dem Feuer Herr zu werden, erfährt man im Feuerwehrmuseum: Von den ersten Spritzenwagen und den kunstvoll gefertigten Messingspritzen bis hin zu den modernsten Einsatzwagen gibt es vieles zu bestaunen.

Wiener Feuerwehrmuseum
1., Am Hof, Tel. 531 99-0
U 3 (Herrengasse), 1 A
Öffnungszeiten: So u. Feiertag 9–12 Uhr
Besichtigungsdauer: ca. 1 1/2Stunden

Statue des heiligen Ruprecht an der Ruprechtskirche

Im Dornröschenschlaf

liegt einer der geschichtsträchtigsten und sagenumwobensten Teile der Wiener Innenstadt, das „TEXTILVIERTEL".

Was macht ein Arzt, um sich ausreichend Kundschaft zu sichern? Eine etwas ausgefallene Möglichkeit: Er schmeißt nächtens den Vorbeikommenden Prügel vor die Füße. Und weil er „zufällig" in der Nähe seine Praxis hat, kommen die Menschen zur Behandlung zu ihm.

So jedenfalls will es die Sage um jenen Bader, den „Hannakenkönig", zu dessen Gedenken der Hannakenbrunnen, ein Werk von Rudolf Schmidt, errichtet wurde. *Hannaken* war im alten Wien die Bezeichnung für die Leute vom Ufer der Hanna, eines rechten Nebenflusses der March in Mähren.

Was mit dem Mann geschah, als man seine Form der „Kundenaquisition" enttarnte, ist nicht überliefert. Der Hannakenbrunnen steht zu Füßen der Stiege zur Kirche Maria am Gestade und wurde 1937 enthüllt. Es ist eine Skulptur aus Sandstein mit verschiedenen schmerzerfüllten Gestalten, deren Sinnhaftigkeit man wohl nur versteht, wenn man die

Geschichte dazu kennt. Auffällig ist der Brunnen jedenfalls und ein Wahrzeichen des Textilviertels, dessen nördlichen Abschluß er bildet. Bezeichnet wurde das Textilviertel nach den Marktfahrern, die jahrhundertelang aus dem Osten angereist sind, um hier bei den Stoffhändlern Material einzukaufen. Etwas vom früheren Charakter dieser alten Geschäftswelt ist bis heute erhalten geblieben. Begrenzt wird das Textilviertel vom Salzgries, der letzten Gasse vor der einstigen Stadtmauer. Die Geschichte dieses Areals geht bis in die Römerzeit zurück. Die Donau hatte damals noch eine Fülle von Seitenarmen, und die römischen Transportschiffe legten hier an, um das damals so kostbare Salz abzuladen. Seinen Namen (ursprünglich *An dem Gries)* erhielt die Uferstraße aber erst im Mittelalter, als hier noch weit stärkerer Schiffsverkehr herrschte.

Mit den Matrosen kamen auch zahlreiche Wirtshäuser. Zu Zeiten Maria Theresias erfuhr die Gegend eine nachhaltige Veränderung: Die Salzgrieskaserne wurde als einzige Soldatenunterkunft innerhalb der Stadtbefestigungen errichtet: Reguläre Truppen sollten die Stadtguardia ersetzen. Doch mehr als ein Jahrhundert später mußte auch die Kaserne der Neugestaltung des gesamten Viertels weichen. Die Befestigungsanlagen am Donaukanal wurden geschliffen, der Donaukanal reguliert. Seither gibt es die steilen Ufermauern. Und der Morzinplatz, der südliche Abschluß des Textilviertels, erhielt prächtige Bürgerhäuser. Damit war auch der Blick auf die Ruprechtskirche, die wahrscheinlich älteste Kirche Wiens, damals verdeckt.

Eines dieser Gebäude, das Haus Morzinplatz 5, hat unrühmliche Bekanntheit erlangt. Vormals das vornehme Hotel Métropole, richteten die Nationalsozialisten darin ihr Gestapo-Hauptquartier ein; in den letzten Kriegswochen wurde dieses Haus des Grauens wie auch drei andere Häuserblocks entlang des Kais durch einen Luftangriff zerstört. Damit verschwanden gleich drei Gassen aus dem Stadtplan, die freie Fläche blieb unverbaut. An der Stelle des Gestapo-Hauptquartiers befindet sich nun zum Gedenken an die Menschen, die im Kampf für Österreichs Freiheit umgekommen sind, ein Gedächtnisraum.

Textilviertel, 1., Morzinplatz
U 2, U 4, 1, 2
Bummel durch das Textilviertel: ca. 1 Stunde

Das Ungeheuer

in der SCHÖNLATERNGASSE war der Basilisk. In dieser schmalen verwinkelten Gasse im 1. Bezirk hat fast jedes Gebäude seine eigene Geschichte. Den Namen gab der Gasse das Haus Nr. 6, das über 400 Jahre alt ist. An ihm war eine wunderschöne schmiedeeiserne Laterne angebracht, die sich jetzt im Historischen Museum der Stadt Wien befindet. Wie so oft ziert auch hier seit 1971 eine Kopie die Fassade. Gegenüber steht das Basiliskenhaus (Nr. 7). Benannt wurde es nach einem 1212 im Hausbrunnen gefundenen Stein, dessen Umriß einem Hahn ähnelt und der heute in einer Nische in der Fassade eingemauert ist. Schnabel und Schweif wurden übrigens später hinzugefügt. Was erzählt uns die Sage darüber? Eines Morgens entdeckte man in einem Brunnen ein Ungeheuer mit giftigem Atem. Dieses Fabelwesen, „Basilisk" genannt (warum, frage ich mich, denn *Basilisk* heißt auf griechisch „kleiner König"!), soll aus einem Ei entstanden sein, das ein Hahn gelegt und eine Kröte ausgebrütet hat. Schon sein bloßer Anblick sei todbringend gewesen. Ein mutiger Bäckergeselle sei aber so schlau gewesen, dem Tier einen Spiegel vorzuhalten, und aus Wut über sein häßliches Aussehen erstarrte es zu Stein. Wie Geologen heute vermuten, handelte es sich damals aber um nichts anderes als giftige Erdgase, durch die einige Menschen ihr Leben lassen mußten.
Das Basiliskenhaus ist ein uraltes Gebäude mit gotischem Baukern, sei-

Figuralschmuck auf der Gartenmauer des Heiligenkreuzerhofs

ne Kellermauern stammen teilweise bereits aus dem 13. Jahrhundert. Sie müssen nicht lange suchen, denn Sie erkennen es am Hausschild „Zum Basilisken". Das Gebäude Nr. 4 aus dem 17. Jahrhundert besitzt an der Ecke einen in Wien seltenen, über alle Stockwerke reichenden Runderker. Hier soll früher das älteste Gewerbe der Welt ausgeübt worden sein. Goethe schrieb dazu in sein Tagebuch: „Seid mir willkommen, süße Buhlerinnen, denn ihr allein verschönt uns noch die Welt!"
Wenige Schritte entfernt, im Haus Nr. 7 a, wohnte 1838/39 der Komponist Robert Schumann. Aber der war glücklich verheiratet. Und gleich daneben, auf Nr. 9, befindet sich wieder ein sagenumwobenes Gebäude, das sogenannte Totendoktorhaus. 1482 gehörte dieses angeblich dem Arzt Dr. Paul Urssenpeck, der den kaiserlichen Kämmerer Wilhelm von Auersperg durch einen Bund mit dem Teufel wieder zum Leben erweckt haben soll. 1799 umgebaut, erfolgte 1975 eine Restaurierung und Revitalisierung dieses Hauses als „Alte Schmiede", die zu einem kulturellen Begegnungszentrum für Literaten und Maler geworden ist. Hier befindet sich auch die Artothek, eine Bilderleihstelle der Stadt Wien, die Bilder zeitgenössischer Künstler befristet an Privatpersonen verborgt. Auch das Nachbarhaus auf Nr. 11 ist interessant, da es aus sechs kleinen Häusern zusammengebaut wurde.
Spazieren wir weiter zu den Häusern Nr. 3 und 5, dem Heiligenkreuzerhof. 1201 erstmals erwähnt, 1676 in der heutigen Form angelegt, ehemals Wirtschaftshof des Zisterzienserstifts Heiligenkreuz, enthält er die älteste Wohnanlage Wiens. Viele Familien wohnen hier schon in der fünften Generation. Auch Helmut Qualtinger war hier zu Hause. Die Bernhardskapelle mit ihrem schönen barocken Schmuck befindet sich ebenso dort. Aber wenn Sie's mit dem Heiraten eilig haben, müssen Sie für Ihre Trauung eine andere Kirche wählen, denn die Bernhardskapelle zählt zu den beliebtesten Hochzeitskirchen unserer Stadt – die Warteliste ist meterlang! Vielleicht ganz gut so, denn es heißt ja: „Darum prüfe, wer sich ewig bindet …"

Basiliskenhaus, 1., Schönlaterngasse 6
U 1, U 3, U 4
Besichtigungsdauer: ca. 45 Minuten.

Engelsfigur am Dach der Postsparkasse

Wie eine überdimensionale Schatztruhe

sieht die POSTSPARKASSE auf dem Georg-Coch-Platz aus. Und diese Assoziation ist nicht nur passend, sondern durchaus beabsichtigt. In der Verwendung der Materialien und der Gestaltung der Ornamente dokumentiert sich das stete Bemühen Otto Wagners, des bedeutendsten Jugendstilarchitekten, Funktion und Aussehen seiner Bauwerke harmonisch zu verbinden.

Die Postsparkasse, eine Jugendstilfestung zur Abwicklung von Geldgeschäften, ist als das Hauptwerk Wagners anzusehen, mit dem Bau wurde 1904 begonnen. Das „k. k. Österr. Postsparkassenamt", welches das Gebäude beherbergen sollte, war erst 20 Jahre zuvor gegründet worden. Es handelte sich um eine neue, fortschrittliche und wichtige Institution mit mehr als 2.000 Angestellten, was bedeutete, daß auf zahlreiche wichtige Details Rücksicht genommen werden mußte. 37 Bewerber hatten an der Ausschreibung teilgenommen. Den Zuschlag erhielt Otto Wagner, obwohl er sich nicht durchgängig an die Ausschreibungsbedingungen gehalten hatte. Doch sein Entwurf war eben für die Banker einsichtig. Und noch das heutige Management attestiert dem Gebäude, den Anforderungen eines modernen Bankbetriebs gerecht zu werden.

Das reizvolle Neue und auch im Vergleich zu Otto Wagners bisherigen Bauten Auffällige ist die Kombination der verschiedenen Materialien. So ist in den oberen Geschossen heller Marmor angebracht. Als Kontrast dazu verwendete er dunklen Granit für die Sockel – das verleiht dem Gebäude den Charakter einer befestigten Anlage, wie es früher bei Renaissance-Palästen üblich war und für eine Geldaufbewahrungsstätte durchaus passend ist. Zu den unzähligen Eisenbolzen, die die Marmorplatten zieren, setzte Otto Wagner auch Aluminium ein – ein

Postsparkasse mit dem Denkmal für Georg Coch, den Gründer des Instituts

Novum im Bauwesen, das damals schnell in Mode kam, weil es rostfrei und wenig pflegebedürftig war.
Der kontrastierende Stil setzt sich auch im Inneren fort – und viele von Wagner selbst entworfene Möbelstücke sind bis heute in Verwendung.
Eine weitere Revolution in der Bautechnik Wiens der Jahrhundertwende hat Wagner durch die Eisen-Glas-Konstruktion des Daches ausgelöst. Dafür sah er sogar ein eingebautes Heizsystem vor, damit Eis und Schnee schmelzen und das Tageslicht durchdringen kann.
Otto Wagner hatte zu diesem Zeitpunkt des Baus der Postsparkasse schon wesentlich das Stadtbild geprägt. Doch was aus heutiger Sicht kaum nachzuvollziehen ist – wegen seiner Modernität schlug ihm von den Stadtoberen immer mehr Feindseligkeit entgegen, er erhielt keine öffentlichen Aufträge mehr. Die Vorschläge, die er zu dieser Zeit für eine Neugstaltung des Karlsplatzes ausarbeitete, blieben unverwirklicht.

Postsparkasse, 1., Georg-Coch-Platz 2, Tel. 514 00-0
U 1, U 2, U 4, 1, 2
Besichtigungsdauer: ca. 15 Minuten,
im Sommer Sonderausstellungen im Kassensaal

Das Böse aus vier Jahrhunderten

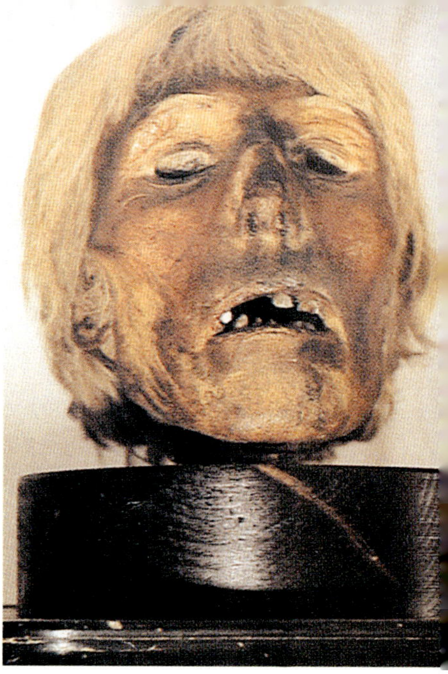
Mumifizierter Kopf eines Mörders, Ende 18. Jahrhundert

finden Sie in einem liebevoll renovierten Barockhaus im 2. Bezirk, Große Sperlgasse 24. Das palaisartige Gebäude bestand schon vor 1670, war Sitz der jüdischen Gemeinde (Zentrum des Ghettos „Im unteren Werd"), dann beherbergte es eine Seifensiederei (daher „Seifensiederhaus"), und schließlich etablierte sich eine Fleischhauerei. Dort, wo man früher das Vieh schlachtete, befindet sich heute ein idyllischer Pawlatschenhof („Pawlatschen" vom Tschechischen *pavlač* = „offener Gang"), und in den ehemaligen Gewölben des Eiskellers das WIENER KRIMINALMUSEUM. Es wurde am 8. Dezember 1991 eröffnet und geht auf die Privatinitiative des Ehepaares Dr. Regina und Mag. Harald Seyerl zurück. Wenn nicht von diesen beiden fleißig zusammengetragen, stammen die Ausstellungsstücke vom ehemaligen Kriminalpolizeilichen Museum der Bundespolizeidirektion Wien und dem Österreichischen Kriminalmuseum in Scharnstein, Oberösterreich.
In dem zu den ältesten Häusern der Leopoldstadt zählenden Gebäude wird ein faszinierender Querschnitt durch die Justiz-, Sicherheits- und Kriminalgeschichte unserer Stadt präsentiert. Hier finden Sie „Kriminalität zum Angreifen". Knallhart konfrontiert man Sie mit Grausamkeit, Furcht, Habgier und Gewalt. Und fast entschuldigend kommt mir der Gedanke, daß jede Roheit ihren Ursprung in einer Schwäche hat.
Ein Rundgang auf 600 m² Schaufläche verschafft Ihnen Einblick in die sozialen und gesellschaftlichen Probleme der Vergangenheit, vom ausklingenden Mittelalter – beginnend mit der Zeit nach den Türkenkriegen, als die Stadt und damit auch das Verbrechen wuchs – bis zur Gegenwart. Daß die ausgestellten Objekte ein Gruselkabinett bilden, liegt in

Die Guillotine stand in Wien bis 1945 in Verwendung ...

der Natur der Sache: Bilddokumente verschiedener Verbrechen und die dazugehörigen Tatwaffen, Zeitungsberichte, Folter- und Hinrichtungsinstrumente wie Richtschwert, Galgen (bis 1950 im Gebrauch, denn bis dahin gab es bei uns die Todesstrafe) und Guillotine ... das Fallbeil wurde in Wien bis 1945 verwendet, 1.200 Hinrichtungen hat man damit durchgeführt. Hier der mumifizierte Kopf eines Delinquenten, dort das Skelett einer Mörderin, dazwischen Hackebeile und durchlöcherte Schädel, Stiche von Hexenverbrennungen und die ersten Brief- und Paketbomben – mehr als 100 Jahre alt. Jedes Exponat hat seine Geschichte.

Während ich die Stufen des Eiskellers der einstigen Fleischerei nach oben steige, ertappe ich mich dabei, wie ich die Zeile „Das Böse ist immer und überall ...!" aus einem Hit der Ersten Allgemeinen Verunsicherung trällere. Es hätte mich nicht gewundert, wenn Frankenstein plötzlich die zweite Stimme dazu gesungen hätte. Wie eine eisige Hand fährt ein kalter Schauer über meinen Rücken – doch da empfängt mich schon die warme Frühlingssonne, und ein schmunzelnder Archivar Seyerl wünscht mir einen fröhlichen Tag!

Wiener Kriminalmuseum
2., Große Sperlgasse 24, Tel. 214 46 78
U 1, U 4, 21, 5 A
Das „Dunkle Wien" ist geöffnet: Di–So 10–17 Uhr, Mo nur an Feiertagen.
Kindern unter zwölf Jahren ist der Eintritt nicht gestattet!
Besichtigungsdauer: ca. 2 Stunden.

Ein technisches Wunderwerk,

das es eigentlich schon lang nicht mehr geben dürfte, ist das RIESENRAD im Wiener Prater.
Wir schreiben den 3. Juli 1897: Wieder einmal strömen die Wiener zu einer neuen Sensation, in einer Epoche, die von technischen Neuerungen und Industrialisierung geprägt ist. Im kaiserlichen Österreich freilich mit der gebührlichen Verspätung. Seit einem halben Jahr rattert die erste elektrische Straßenbahn durch die Stadt, als die technische Meisterleistung, ein sich drehendes Stahlkonstrukt in der Theater- und Vergnügungsstadt „Venedig in Wien" im Prater in Betrieb geht. Entworfen wurde es vom Engländer Walter B. Basset, der Offizier bei der britischen Marine gewesen war und es nach seinem Ausscheiden zum erfolgreichen Ingenieur gebracht hatte. Beweggrund für den Bau einer derartigen Attraktion war auch schon damals der Wunsch, den Fremdenverkehr in Wien weiter zu aktivieren. Ein Jahr nach der Inbetriebnahme stand der 50. Jahrestag der Thronbesteigung von Kaiser Franz Joseph I. auf dem Programm, aus dessen Anlaß allerlei Ausstellungen und Festivitäten geplant waren, die einen außerordentlichen Zustrom von Fremden erwarten ließen. Basset wollte sich dieses Geschäft nicht entgehen lassen und hat sich letztlich nicht verschätzt. Er erhielt schließlich die begehrte Baubewilligung, dies aber nur aufgrund entsprechender Interventionen durch höchste Stellen. Die Magistratsbeamten, gewöhnt „normale" Baubescheide zu erstellen, hätten die extravagante Konstruktion nicht durchgehen lassen.
Und doch war das Riesenrad keine Ersterfindung. Die erste Konstruktion dieser Art war schon Jahre zuvor in Chicago entstanden, und Basset ließ sich durch ein ähnliches Werk in Blackpool in England inspirieren. Die Engländer waren aber so konsequent, ihr Wunderrad planmäßig nach einigen Jahren wieder abzutragen.
Tatsächlich ist das Riesenrad aber gar nicht rund. 30 Ecken hat die Eisenkonstruktion nach den Grundstrukturen der Brückenbauweise, und mit 65 Meter Höhe ist es auch kleiner als seine beiden Vorgänger. Dafür hat es die Vorbilder überlebt. Aber auch das nur durch „Zufall". Zweimal hätte es abgerissen werden sollen. Einmal 1916, ein zweites Mal 1920. Doch fehlte einfach das Geld dafür. Das Abtragen wäre nämlich teurer

Ein Wahrzeichen der Stadt: das Riesenrad

gekommen als der Aufbau. So ist dieses Wahrzeichen Wiens gegen den Willen der Stadtgewaltigen erhalten geblieben. Und auch den Zweiten Weltkrieg hat das Riesenrad, wenn auch schwer beschädigt, überstanden. Seither drehen sich aber nur mehr 15 und nicht wie bis dahin 30 Gondeln über Wien.

Zählt heute eine Runde mit dem Riesenrad ganz selbstverständlich zum Programm eines Wienbesuchs – das Riesenrad steht als Attraktion gleich hinter Stephansdom und Schönbrunn an dritter Stelle –, so galt dieses Vergnügen zu seiner Gründerzeit als reiner Luxus: Eine Fahrt kostete 1897 stolze acht Gulden. Das entsprach einem Viertel des durchschnittlichen Beamten-Monatsgehalts.

Riesenrad, 2., Prater 90, Tel. 729 54 30-0

U 1, S 1, 21

Fahrt mit dem Riesenrad täglich von 10–22 Uhr, Dauer: ca. 15 Minuten

Das Augartenpalais, seit 1923 Sitz der Wiener Porzellanmanufaktur

Wenn Sie weisses Gold suchen,

dürfen Sie am AUGARTEN im 2. Bezirk nicht vorbeigehen. Jetzt hab' ich Sie neugierig gemacht – aber bevor Sie fündig werden, sollen Sie wissen, wie es hier früher ausgesehen hat. Der heutige Augarten lag mitten in den Auen der unregulierten Donau und diente der kaiserlichen Familie als Jagdrevier. 1614 ließ Kaiser Matthias hier ein Jagdschlößchen errichten. Der von Ferdinand III. angelegte Garten wurde von seinem Sohn Leopold I. kunstvoll zum Park ausgebaut. Außerdem erwarb er auch das um 1654 erbaute Palais Trautson. 1683 wurde dann der Augarten durch die Türken verwüstet. Aber um 1700 hat man den Park wieder erneuert, das Saalgebäude errichtet und das noch heute bestehende Palais erweitert. Man nannte es „Alte Favorita", weil auf der Wieden der Bau der „Neuen Favorita", des heutigen Theresianums, erfolgte. Unter Joseph II. wurde der Augarten zur Freude des Volkes ein öffentlich zugänglicher Park. Später fanden dort unter der Leitung Mozarts Konzerte statt: „... ich will von der Musik, daß sie tief ist wie ein Nachmittag im Spätherbst, ausgelassen und zärtlich wie ein kleines süßes Weib, voll Niedertracht und Anmut."

Natürlich haben Sie gewußt, daß man Porzellan das „weiße Gold" nennt. Sie finden es in der WIENER PORZELLANMANUFAKTUR AUGARTEN. Diese wurde bereits 1718 von Claudius Innocentius du Paquier in der Roßau (heute 9. Bezirk) gegründet. Die Porzellangasse erinnert daran. 1864 schloß Kaiser Franz Joseph die Fabrik wegen der wachsenden böhmischen Konkurrenz. Kostbare Objekte, Vorlagen und Musterbücher findet man in zwei Museen: dem Österreichischen Museum für Kunst und Industrie und dem Museum für angewandte Kunst. 1923 wurde die Porzellanerzeugung wieder aufgenommen, und seither befindet sich die Firma im ehemaligen Saalgebäude im Augarten. Was nicht jedermann bekannt ist: Die Porzellanmanufaktur Augarten ist nach jener in Meißen die zweitälteste in ganz Europa.

Mit meinem Blick verfolge ich eine Fliege, die sich auf eine Kiste setzt. Die Kiste hat eine lange Reise vor sich: 35 Prozent des Porzellans werden nach Japan exportiert. Inzwischen hat die Fliege auf meiner Schulter Platz genommen. Ich nehme sie mit zu den WIENER

SÄNGERKNABEN. Die haben nicht nur „Gold in der Kehle", sondern im Augarten ihr Zuhause. Seit 1948 ist das Augartenpalais für sie Internat und Übungsstätte. 1498 durch ein Dekret Maximilians I. gegründet, bestand der Chor damals aus einem Dutzend Buben. Seit 1935 sind 4 Chöre im höchst professionell aufgezogenen Musikbetrieb tätig und repräsentieren Österreich auf Tourneen in der ganzen Welt. Ganz unter uns – nicht alle Wiener Sängerknaben kommen aus Wien, sie stammen auch aus anderen Bundesländern und dem Ausland.

Den wohl stärksten Gegensatz zu den zarten Stimmen der Buben und dem zerbrechlichen Porzellan bilden die beiden wuchtigen FLAKTÜRME, die im Zweiten Weltkrieg von Friedrich Tamm hier errichtet wurden. Die dunklen Betonklötze sind fast 50 m hoch und scheinen rund zu sein, besitzen aber einen 16eckigen Grundriß. Sie sollten den Fliegerabwehrkanonen (Flak) bei Bombenangriffen ein freies Schußfeld und gute Sicht bieten.

Beim Anblick der Türme fallen mir Worte Goethes aus dem *Faust* ein: „Ich wüßt es nicht zu preisen, es sollte plump und überlästig heißen!"

Meine Fliege ist noch immer da und sekkiert mich. Ich verscheuche sie, und sie landet auf der Außenwand des Turms. Jetzt läuft sie diese senkrecht hinauf – konnte das Goethe ...!?

Wiener Porzellanmanufaktur Augarten
2., Schloß Augarten, Tel. 21 12 4 DW 42
21, 31, 5 A
Führungen Mo–Fr um 9 Uhr 30
Besichtigungsdauer: ca. 1–2 Stunden; größere Gruppen gegen Voranmeldung
Wiener Sängerknaben: Tel. 216 39 42-0

Porzellan von zeitloser Eleganz und Schönheit: Handbemalt und noch einmal gebrannt, behält es auch noch nach Jahren seine einzigartige Brillanz.

Ein imposanter Backsteinbau:
die Kaiser-Franz-Joseph-Jubiläumskirche

DER DOM AN DER DONAU

In der Politik war Kaiser Franz Joseph nicht immer sehr erfolgreich – beim Kirchenbau behielt er die Initiative. So ließ er noch im Alter ein weithin sichtbares Zeichen seiner Katholizität errichten, die KAISER-FRANZ-JOSEPH-JUBILÄUMS-KIRCHE. Am Mexikoplatz, dem stadtseitigen Ufer der Donau neben der Auffahrt zur Reichsbrücke steht sie. Viele meinen, es handle sich wegen der vielen Türme um einen orthodoxen Bau. Das ist hier jedoch keineswegs der Fall. Franz Joseph selbst gab sie in Auftrag, um zu seinem 50jährigen Amtsjubiläum eine gottgefällige Symbolhandlung zu setzen. Der Ort wurde allerdings ganz pragmatisch gewählt. War die Donaustadt nach der Donauregulierung ab 1870 immer mehr zum Wohngebiet geworden, so bedurfte es auch einer weiteren Institution zur seelsorglichen Betreuung der stark wachsenden Bevölkerung.

13 Jahre lang hat man an der Kirche am Mexikoplatz gebaut; wirklich fertig geworden ist der historistische Bau bis heute nicht. Die Holzgiebel am Portal und den Seitenflanken sind ein beständiges Provisorium geblieben. Und was an prächtiger Ausstattung im Inneren geplant war, hat sich im wahrsten Sinne des Wortes von selbst überlebt. Die kahlen Wände waren keineswegs beabsichtigt. Gemälde aus den Kronländern sollten das Gotteshaus schmücken. Doch ehe der Auftrag vergeben war, zerfiel die Habsburgermonarchie. Und daher

blieb der imposante Backsteinbau so spartanisch, wie er noch heute ist. Und doch hat der „Dom an der Donau", wie die Kirche wegen ihrer Mächtigkeit bald genannt wurde, zwei sehenswerte Kostbarkeiten zu bieten. Zum einen den Baldachin im Jugendstil, der im linken Seitenschiff steht. Er wurde 1912 für den Eucharistischen Kongreß geschnitzt und stand als Zeichen der Bemühungen um die Einheit der Christenheit am Burgtor, ehe er hierher gebracht wurde.

Die zweite Besonderheit war in dieser Form ursprünglich nicht geplant: eine für den mitteleuropäischen Raum ungewöhnliche Kapelle in byzantinischem Stil mit wertvollstem Mosaik. Der Anlaß zur Errichtung dieser Kapelle war ein höchst trauriger, nämlich die Ermordung der Kaiserin Elisabeth im Jahre 1898. Deshalb heißt sie auch Kaiserin-Elisabeth-Kapelle. Weil Sisi auch die erste Schutzherrin des Roten Kreuzes war, haben Rot-Kreuz-Mitarbeiter damals für die prachtvolle Ausgestaltung der Kapelle gesammelt.

Heute wird die Kirche am Mexikoplatz vom Orden der Trinitarier betreut, der sich ursprünglich der Sklavenbefreiung und der Armenfürsorge verschrieben hatte. Der Orden hat sich mit zwei farbintensiven, neuzeitlichen Gemälden über die Ordensgründung im Jahre 1198 in der Apsis ein Denkmal gesetzt.

Der Taufbeckenaltar

Kaiser-Franz-Joseph-Jubiläumskirche
2., Mexikoplatz 12, Tel. 728 52 85-0
U 1, 10 A, 11 A
Besichtigung: ca. 1/2 Stunde

Mitten im Grau

Von Friedensreich Hundertwasser bunt verkleidete Fassade der ehemaligen Möbelfabrik Thonet

der Erdberger Häuserfassaden hat sich Friedensreich Hundertwasser phantasievoll und reichlich bunt einen Lebenstraum erfüllt: sein Museum, das KUNSTHAUS WIEN. Die einen nennen es Kitsch, die anderen sind total begeistert. Vom Hörensagen kennen es viele, und tausende Touristen strömen jedes Jahr hierher. Was gleich beim Betreten auffällt, das ist der unebene Boden. Er ist nicht nur als Übung für den Gleichgewichtssinn konzipiert. Dem Meister sind gerade Linien einfach zuwider. In der Natur kommen gerade Flächen und gerade Linien nicht vor, also seien flache betonierte Ebenen wider die Natur, meint Hundertwasser. Die Museumsbetreiber wissen zu dem welligen Boden noch ein interessantes Detail zu berichten: Wenn jemand glaubt, dieser Boden sei für gehbehinderte Menschen ein Problem, so irrt er. Genau diese Menschen sind nämlich besonders darauf trainiert, nicht gedankenlos auf ebener Fläche dahinzugehen, sondern darauf zu achten, wie der Boden unter den Füßen beschaffen ist. Auch Kinder tollen lieber auf Wiesen und in Sandkisten herum, als auf einer Asphaltfläche zu spielen.

Vor gut sechs Jahren hat Friedensreich Hundertwasser dieses Museum in den Räumlichkeiten der ehemaligen Thonet-Fabrik geschaffen, übrigens – ungewöhnlich für ein Museum – ohne einen Schilling

Subvention. Und bis heute finanziert sich das Haus selbst . Hier sind die frühen Werke des Malers ausgestellt: die Ansicht des Donaukanals zur Jugendzeit Hundertwassers in verschiedenen Variationen. Oder die Modelle der Bauwerke, die er gestaltet hat. Jedem Wiener ein Begriff: die Müllverbrennung Spittelau mit einem der berühmten Zwiebeltürme, die alle Bauwerke des Künstlers schmücken. Dafür hat er übrigens kein Honorar verlangt, was auch für den berühmten Gemeindebau in der Löwengasse gilt. Unverkennbar ist die typische Hundertwasser-Spirale, die sich durch alle seine Werke zieht. Seine Philosophie dahinter:
Wir alle gehen im Kreis, aber wir kommen nie wieder an den Punkt zurück, an dem wir schon einmal gewesen sind. Das ist auch das Typische an der Spirale: Sie ist nur ein scheinbarer Kreis, der sich jedoch nie schließt – wie das Leben auch.
Die Vielseitigkeit des Künstlers ist nicht nur durch die Sinnsprüche dokumentiert, die zwischen den Werken placiert sind. Auch der von Hundertwasser gestaltete Umschlag des Brockhaus-Lexikons hat einen Ehrenplatz in der Ausstellung inne.
Und auch Gemütlichkeit darf nicht fehlen – das Museums-Café, reichlichst begrünt, lädt zum Verweilen ein. Hier war einst der Lagerraum der Firma Thonet. Gleichsam als eine Hommage an den Betrieb stehen hier 100 verschiedene Thonet-Stühle. Es ist ein ungewöhnliches und sehr behagliches Haus, das KunstHaus des Friedensreich Hundertwasser, der übrigens selbst aus Erdberg stammt.

KunstHaus Wien
3., Untere Weißgerberstraße 13, Tel. 712 04 91-0
N, O
Öffnungszeiten: tägl. 10–19 Uhr
Besichtigung inkl. Gastausstellung: ca. 3 Stunden

Romantisierender Rohziegelbau: das Arsenal, errichtet als Depot für die k.u.k. Artillerie

Die Maschinerien des Todes

Im Auftrag Kaiser Franz Josephs erhielten die Erfindungen zur gegenseitigen Vernichtung eine pompöse Ausstellungsstätte, das HEERESGESCHICHTLICHE MUSEUM, eröffnet 1891 als „K. u. k. Heeresmuseum".

Es ist schon bedrückend und erstaunlich zugleich, was sich die Menschen alles haben einfallen lassen, um einander zu bekämpfen und gegenseitig umzubringen. In den prachtvollen Sälen im Arsenal, errichtet 1850–1857 nach Plänen von Ludwig Förster und Theophil Hansen im orientalisierenden und gotisierenden Stil, begegnet der Besucher diesen Maschinerien des Todes auf Schritt und Tritt. Der Gang durch die Säle wird zum Gang durch die Leidensgeschichte der europäischen Bevölkerung.

Die drohenden Mündungen von Kanonen vor der großzügigen, zweigeschoßigen Anlage vermitteln einen ersten Eindruck von den Objekten des Museums, in dem ein Querschnitt durch die Waffenproduktion der Jahrhunderte ebenso zu sehen ist wie kunsthistorische Schätze in Form überdimensionaler Gemälde. Lanzen sowie schwere Panzerrüstungen zeugen etwa von der Kriegstechnik des Dreißigjährigen Krieges (1618–1648). Erhalten sind auch die Requisiten, mit deren Hilfe sich die Musketiere der kaiserlichen Söldnerheere ihre Kugeln selbst gossen. Viele kostbare, reichverzierte Beutestücke erinnern an die blutigen Tür-

kenkriege, eine Zeit, in der auch die Uniformierung der Heere üblich wurde. Auf Prunk und Pracht achteten die Herrscher, um Offiziere und Truppen bei Laune zu halten.
Wie sehr der Spruch „Der Krieg ist der Vater vieler Dinge“ Gültigkeit hat, ist im Arsenal vielfach dokumentiert: Zur Zeit Napoleons versank Europa neuerlich in einem Krieg, aus dieser Zeit stammt das älteste militärische Luftfahrzeug der Welt, ein französischer Aufklärungsballon, mit dessen Hilfe die Fronten beobachtet wurden. Womit er betrieben wurde, ob mit Wasserstoff oder Heißluft, ist ungeklärt.
Und erhalten ist auch das Auto, in dem in Sarajewo Thronfolger Franz Ferdinand erschossen wurde. Der Krieg, den das Attentat auslöste, bewirkte eine weitere Hochkonjunktur der Waffentechnik, zu sehen anhand der Luftfahrtobjekte und den damals hochmodernen Kanonen des Ersten Weltkrieges.
Wie sehr auch die Entwicklung der Schiffahrt vom Krieg stimuliert wurde, ist in der Marineabteilung nachzuvollziehen, wenn auch die österreichische Marine nicht wirklich als ruhmreich zu bezeichnen ist. Eine siegreiche Schlacht wurde jedoch zur Legende und patriotisch verklärt, nämlich die von Lissa im Jahr 1866. Admiral Tegetthoff gelang es damals, die überlegene italienische Flotte niederzuringen. Man errichtete ihm dafür das Säulendenkmal am Praterstern.
Mit der Not der Menschen im Krieg werden Sie im Heeresgeschichtlichen Museum ebenfalls konfrontiert, schließlich auch mit dem, was immer von Kriegen übrigbleibt: dem Kriegsmüll.

Reiterrüstung des Generals der Kavallerie Johann Graf Sporck (1597–1679)

Heeresgeschichtliches Museum
3., Arsenal, Tel. 795 61-0
Schnellbahn Südbahnhof, D, O, 18, 13 A, 69 A
Öffnungszeiten: 10–16 Uhr, tägl. außer Freitag
Besichtigungsdauer: ca. 2 1/2 Stunden

Ein Paradies für Nostalgiker

Über 100 Jahre alt ist sie mittlerweile, die gute alte Tramway. Es war ein bitterkalter Wintertag, exakt der 28. Jänner 1897: Tausende Menschen säumten trotz Eiseskälte die Straßen vom Praterstern bis zum Raimundtheater. Voller Neugier erwarteten sie ein neues technisches Wunderwerk, die erste elektrische Straßenbahn, die da durch Wien rattern sollte. Und da kam sie auch, durch die Vorgartenstraße über den Franz-Josefs-Bahnhof, beim alten Allgemeinen Krankenhaus und Westbahnhof vorbei, bis zum heutigen Europaplatz. Die erste „Elektrische" befuhr die Strecke des späteren „5er Wagens".

Für damalige Verhältnisse, zu Zeiten, als das Pferdefuhrwerk noch Hauptverkehrsmittel war, erreichte sie doch schon die beachtliche Geschwindigkeit von 30 Kilometer pro Stunde.

Wagen der Linie 39 aus den frühen fünfziger Jahren

Wie die Straßenbahnen von damals ausgesehen haben, ist noch heute im WIENER STRASSENBAHNMUSEUM in Erdberg zu sehen, das 1992 eröffnet wurde und weltweit das größte Museum dieser Art ist. Mit viel Liebe werden die alten Garnituren der „Bim" gepflegt und funktionstüchtig gehalten und sind zu besonderen Anlässen auch für Rundfahrten zu mieten.

Für Nostalgiker bietet sich ein reicher Fundus durch die Geschichte der Tramway. Aus jeder Periode ist mindestens ein Exemplar erhalten, von den ersten handgefertigten Wagen mit offener Einstiegsplattform

Ein Sommerwagen der Pferdetramway mit 24 Sitzplätzen (um 1870)

bis hin zu den „modernen“ Gelenktriebwagen der Nachkriegszeit. Daß sich die Straßenbahn von Anfang an bei den Wienern großer Beliebtheit erfreute, zeigen auch die Filmaufnahmen aus der Frühzeit dieser Schienenfahrzeuge, damals freilich noch Stummfilme, die dem Straßenbahnmuseum erhalten geblieben sind. Es wurden „Aufklärungsstreifen“ produziert, die darüber informierten, wie das neue Verkehrsmittel richtig zu benützen ist: Man zeigte drastisch, was passiert, wenn man sich nicht anhält, rüdes Gedränge einem ordentlichen Ein- und Aussteigen vorzieht oder es gar wagen würde, sich als Radfahrer an die Straßenbahn anzuhängen. Daß auch dies möglich war, kann man freilich nur nachvollziehen, wenn man die gute alte Tramway noch kennengelernt hat – oder heute bestaunt, im Wiener Straßenbahnmuseum.

Wiener Straßenbahnmuseum
3., Erdbergstraße 109, Tel. 7909-44 90
Geöffnet: Sa, So und Feiertag 9–16 Uhr
Besichtigungsdauer: ca. 1 Stunde

Aus der Pionierzeit des Radios: Senderaum der RAVAG in den zwanziger Jahren

Tag für Tag Radio

und zwei Fersehsendungen werden im FUNKHAUS in der Argentinierstraße 30 a produziert, das damit zu *dem* Rundfunkzentrum Wiens geworden ist. Welch politische Bedeutung einem derartigen Mittelpunkt medialer Kompetenz zuteil werden kann, illustrierten die dramatischen Vorfälle in der Zeit des Austrofaschismus:

Es war im Jahr der Wirrnisse 1934, der Ständestaat hatte sich durchgesetzt, die illegalen Nazis versuchten den Putsch. Am 25. Juli, kurz vor 13 Uhr, drang eine Gruppe von fünfzehn Aufständischen in die Räumlichkeiten der RAVAG, der „österreichischen Radio-Verkehrs AG", der damals zehn Jahre alten Vorläuferorganisation des ORF in der Johannesgasse, ein. Eine Zeitbombe der Nazis hatte schon vier Wochen zuvor den Hauptverstärkerraum zerstört. Die Putschisten zwangen einen anwesenden Sprecher über den Sender bekanntzugeben: „Die Regierung Dollfuß ist zurückgetreten. Doktor Rintelen hat die Regierungsgeschäfte übernommen." Diese Rundfunkmeldung war das vereinbarte Signal für den Aufstand der Nazis in ganz Österreich. Zur selben Zeit wurde Kanzler Dollfuß im Eckzimmer des Kanzleramtes von Otto Planetta unter Mitwirkung eines Polizeibeamten erschossen. Eine Alarmabteilung der Polizei kämpfte die Nationalsozialisten im Gebäude der RAVAG nieder – es gab vier Tote. Dies war der erste bewaffnete Überfall auf eine Rundfunkstation in der Welt überhaupt.

Der fehlgeschlagene Putsch war Auslöser zum Bau eines neuen Rund-

funkgebäudes. Man war zur Erkenntnis gekommen, daß man die Radiostation mitten in der Stadt nicht ausreichend schützen kann.
Der unverbaute Grund in der Argentinierstraße bot sich idealerweise an; 1935 wurde der Neubau des RAVAG-Gebäudes von Clemens Holzmeister geplant. Von 1936 bis 1938 wurde das „Funkhaus" gebaut, doch noch ehe es fertig war, wurde es mit dem „Anschluß" Österreichs an Hitlerdeutschland in den Reichsrundfunk Berlin eingegliedert.
Der Zeit seiner Entstehung entsprechend ist das Hauptgebäude monumental blockhaft und schmucklos.
Mit der Befreiung 1945 gab es die RAVAG wieder, freilich unter russischer Kontrolle. Bis zum Staatsvertrag 1955 kam es zu einer Hochblüte des Radios – gleich vier verschiedene Sendeanstalten wurden im Bundesgebiet betrieben.
Mit dem Staatsvertrag wird der Rundfunk in eine GmbH umgewandelt, in Gefolge des Rundfunk-Volksbegehrens 1964 wird er in der ersten Ära Bacher eine Anstalt öffentlichen Rechts. Es kamen die Bundesländerstudios mit eigenem Regionalradio. Am 1. Oktober 1964 nahm Ö 3 seinen Betrieb auf, damals noch in den Holzverschlägen im 4. Stock des Funkhauses. Seit 1984 hat das Funkhaus mit einem Zubau von Gustav Peichl auch eigene Fernsehstudios und Schnittplätze: *Wien Heute* und *Niederösterreich Heute* werden hier produziert.
96 Stunden Radio werden aus dem Funkhaus täglich ausgestrahlt: Ö 1, Radio Wien, die „Blau-gelbe Welle" und Blue Danube-Radio mit FM 4.

Geballte Technik: Studio im Funkhaus Wien

Betriebsamkeit und Hektik des Radio-Machens, die Technik der Studios über vier Etagen – zu besichtigen im Funkhaus.

Funkhaus Wien
4., Argentinierstraße 30 a, Tel. 50101-0
U 1 (Taubstummengasse)
Führungen auf Anfrage
Besichtigungsdauer: ca. 1 1/2 Stunden

Jugendstilhaus in der Linken Wienzeile 38
mit Reliefmedaillons von Kolo Moser

Sicher kennen Sie einen Asch,

oder wissen Sie nicht, daß man den Milcheimer früher so nannte? Und aus dem Aschenmarkt, wo man einst Milch verkaufte, wurde der NASCHMARKT. Ursprünglich befand sich dieser im 4. Bezirk zwischen Wiedner Hauptstraße und Margaretenstraße vor dem Freihaus der Grafen Starhemberg – „Freihäuser" waren von jeglicher steuerlicher Belastung befreite Gebäude. Bratelbrater, die Vorläufer der heutigen Würstelstände – und Knödelhütten, die an Laufkundschaft Semmel-, Zwetschken- oder Kirschenknödel verkauften, prägten das Marktgebiet. Aber im Zuge der Regulierung des Mühlbachs Ende des 18. Jahrhunderts wurde dieser Platz eingeebnet, und in einem Erlaß wurde 1793 vorgeschrieben, daß alles, was an Obst und Gemüse auf Wagen nach Wien geliefert wird, auf dem Naschmarkt zum Verkauf zu gelangen habe. Zur selben Zeit wurde der Naschmarkt auf das durch die Wienflußüberbauung gewonnene Areal zwischen Linker und Rechter Wienzeile verlegt. Die Marktpavillons wurden erst 1902 errichtet. Und 14 Jahre später die Naschmarktkapelle (Linke Wienzeile gegenüber Nr. 18). Wir wollen aber nicht nur auf dem Obst- und Gemüsemarkt einkaufen, denn nebenan gibt es einen Flohmarkt, mit dem die Tradition des Altwiener Tandelmarktes – dessen Vorbild der „Marché aux Puces" in Paris ist – weiter aufrecht erhalten wird.

Ob moderne Metropole von heute oder romantische Residenzstadt von einst – auf diesem Flecken Wiens bestimmen die Standler mit ihrem Mundwerk und ihrem Witz das Einkaufserlebnis: „Sie werden immer jünger, Herr Frank – sind Sie schon 70?" Um die Zeit der *Belle Epoque* war unsere Stadt Schmelztiegel für die Völkerschaften Südost- und Osteuropas. Von dort kamen die Verkäufer, die die legendäre Frau Sopherl am Naschmarkt ablösten. Jetzt stehen Händler aus Asien und Afrika auf deren Platz und sprechen besser Wienerisch als unsere Maturanten Englisch ...

Die Gegend rund um den Naschmarkt zeigt viel Jugendstil. In der Linken Wienzeile, die in der Spätgründerzeit (um 1900) zu einem nach Schönbrunn führenden Prachtboulevard laut Otto Wagner umgestaltet hätte werden sollen, aber unvollendet blieb, finden sich interessante Gebäude: z.B. das Otto-Wagner-Haus auf Nr. 38, das mit dem Majolikahaus auf Nr. 40 (=Köstlergasse Nr. 3)ein Ensemble bildet.

Die Rechte Wienzeile steht der Linken um nichts nach. Bereits um 1700 galt sie als wichtiger Verkehrsweg. Auf Nr. 1 stand früher die Bärenmühle, die bis 1856 in Betrieb war. Mit der Mühle war ein Haus verbunden, in dem der Dichter Ignaz Franz Castelli, Gründer des Wiener Tierschutzvereins, wohnte. Auch Anton Heim, der „Naschmarktkönig", hatte hier 1848 ein luxuriös ausgestattetes Stockwerk. Der Lebensmittelwucherer kaufte am Land billig ein und verkaufte seine Waren dann am Naschmarkt zu überhöhten Preisen. Deshalb stürmte das erbitterte Volk auch das Haus und zerstörte seine Wohnung. Kommen Sie weiter – auf Nr. 15 finden Sie das einzige noch erhaltene spätbarocke Bürgerhaus des 4. Bezirks. Und wenn Sie bei Nr. 85 stehen, können Sie vis-à-vis eine Johannes-Nepomuk-Statue bewundern. Bei Nr. 93 ist es eine Gedenktafel für den unvergessenen Schauspieler Hans Moser. Noch etwas für die Freunde der bildenden Kunst: Unmittelbar neben dem Naschmarkt befindet sich in der Friedrichstraße 12 die Secession (1897/98 nach Plänen des Otto-Wagner-Schülers Josef Olbrich erbaut). Sie ist das Ausstellungsgebäude jener legendären Künstlervereinigung, der u. a. Adolf Loos, Gustav Klimt und Otto Wagner angehörten. Trefflich die Inschrift über der Tornische: „Der Zeit ihre Kunst – der Kunst ihre Freiheit!" Jetzt wissen Sie, wie harmonisch unsere Zeit ist – und wie grenzenlos die Freiheit, oder ...?

Naschmarkt
4., 5., 6., Linke Wienzeile
U 4 (Kettenbrückengasse), 59 A
Dauer eines Naschmarktbummels: ca. 2 Stunden
Am Samstag jeweils Flohmarkt

Ein Theater als Lotteriegewinn

Sandsteinskulptur über dem Papagenotor in der Millöckergasse 8

versprachen Ankündigungen in den Jahren 1819 und 1830 und meinten damit das THEATER AN DER WIEN, das zweimal als Glückslos ausgespielt wurde. Das Haus an der Linken Wienzeile im 4. Bezirk blickt auf eine wechselvolle Geschichte zurück. Es wurde auf Betreiben des Schauspielers, Sängers, Librettisten, Regisseurs und Theaterdirektors Emanuel Schikaneder nach Plänen von Franz Jäger 1797–1800 errichtet. Schikaneder (1751–1812), der als Wegbereiter des deutschsprachigen Theaters und der deutschsprachigen Oper gilt, war im wahrsten Sinn des Wortes ein genialer Schmierenkomödiant. In der Jugend zog er mit seiner Künstlertruppe jahrelang von Dorf zu Dorf und ernährte seine Mannschaft, indem er sich vormittags im jeweiligen Spielort umhörte, nachmittags ein Theaterstück auf die Bewohner und ihre Mißstände schrieb und dieses abends vor Publikum spielte! Der Routinier war vor dem Bau des Theaters an der Wien Leiter des Freihaustheaters (Wiedner Hauptstraße 10), mit dem er 1791 in finanzielle Schwierigkeiten geriet, weshalb er Freund Mozart bat, eine zugkräftige Oper zu komponieren. Schikaneder verfaßte den Text, und im selben Jahr hatte die *Zauberflöte* als Mozarts letztes Werk Premiere im Freihaustheater. Die Paraderolle des Papageno hatte sich der gewiefte Theaterfuchs auf den Leib geschrieben und setzte sich damit später auch im Theater an der Wien ein Denkmal („Papagenotor" in der Millöckergasse 8, ehemaliger Haupteingang). Die glanzvolle Eröffnung des Theaters an der Wien fand 1801 mit der Oper *Alexander* von Franz Teyber statt. 1803 wohnte Ludwig van Beethoven in diesem Haus und

Der Bühnenvorhang im Theater an der Wien (Ausschnitt)

komponierte hier die Oper *Fidelio,* die zwei Jahre später dort uraufgeführt wurde. Aber auch Zirkusvorstellungen (!) gab es auf dieser Bühne. 1862 dirigierte Richard Wagner hier zum erstenmal in Wien, und 12 Jahre später stand Alexander Girardi auf den „Brettern, die die Welt bedeuten". Es folgten zahlreiche Uraufführungen von Operetten (z.B. *Die Fledermaus* von Johann Strauß) oder Stücken von Nestroy und Anzengruber. *Tempora mutantur* – die Zeiten ändern sich ... Als das Gebäude 1955 in einen Nutzbau umgewandelt werden sollte, erwarb es die Gemeinde Wien, und heute hat sich das ehrwürdige Haus längst als modernste Musicalbühne im deutschsprachigen Raum etabliert.

Rund um das Theater befinden sich Bauten im Jugendstil und der Spätgründerzeit, aber auch in Biedermeiermanier, z. B. in der Papagenogasse. In der Lehárgasse – wo Sie die Künstler zum Autogrammegeben beim Bühnentürl abfangen können – ist auf Nr. 6–8 das einstige k.u.k. Hoftheater-Kulissendepot untergebracht. Und wenn Sie diese Gasse in Richtung Gumpendorferstraße weitergehen, kommen Sie zum Künstlercafé Sperl, in dem sich vor mehr als 100 Jahren die „Vereinigung bildender Künstler Österreichs Secession" konstituierte. Das Café gibt es seit 1880, am Interieur hat man kaum etwas verändert – auch der Ober scheint derselbe ...

Theater an der Wien
6., Linke Wienzeile 6, Tel. 58 830-0
U 4
Besichtigungsdauer: ca. 45 Minuten

Eine akustische und visuelle Rückblende

zu den Pioniertagen der modernen Hifi-Technik bietet das WIENER PHONOMUSEUM. Es ist gut hundert Jahre her, da waren die Menschen begeistert und überglücklich, zu Hause per Knopfdruck Heimmusik zu hören. Wenngleich es schlicht nur ein Grammeln, ein Scheppern und ein Kratzen war, das einem da aus einem großen Trichter entgegendröhnte, denn die Melodien waren dazumal nur Zwischentöne in einer umfangreichen Geräuschkulisse. Und doch handelte es sich um eine wahre Revolutionierung der Technik im Umgang mit Schallwellen, die Thomas Alva Edison im Jahre 1877 geglückt war.

Edison, den man eher als Erfinder der Glühbirne kennt, hatte das erste Gerät gebaut, mit dem es gelang, Schallwellen auf eine Zinnfolie zu bannen und auch wieder abzuspielen. Freilich, nach einmal Abspielen war die Folie kaputt. Weiter kam Edison auf diesem Gebiet vorerst nicht, während er sich wesentlich erfolgreicher der Glühspirale widmete. Ein originalgetreuer Nachbau der Messingwalze, mit der Edison seine ersten Versuche gemacht hatte, ist den Technikern des Phonomuseums geglückt. Auch alle weiteren Schritte der Schellack- und Schallplattentechnik, die in den folgenden Jahrzehnten gemacht wurden, sind hier exakt dokumentiert. Und alle Apparate sind dank des besonderen Engagements der Museumsbetreiber ohne Ausnahme funktionstüchtig.

Den großen Durchbruch schaffte Edison dann doch noch im zweiten Anlauf gegen die Jahrhundertwende hin: Er entwickelte den „Verbesserten Edison-Standard-Phonographen“, indem er Walzen aus einem Wachsgemisch als Tonträger verwendete. Edison hatte dabei aber nicht daran gedacht, daß damit Musik in die Wohnzimmer gebracht werden könnte, sondern schlicht an ein Bürogerät, ein Diktaphon. Mit Musik funktionierte es jedoch auch, und damit öffnete Edison einer neuen Industrie Tür und Tor.

Die Konkurrenz blieb ebenfalls nicht untätig. Kaum hatte sich der Phonograph, das Abspielgerät mit der Walze, durchgesetzt, wurde das Grammophon erfunden, das muskalische Wunderding mit Platten bespielt, die knapp einen halben Zentimeter dick waren. In allen nur erdenklichen Variationen wurde es sodann gebaut: von der Luxusausführung aus Edelhölzern bis zum praktischen, zusammenlegbaren Reisegrammophon. Die Instrumente, mit denen die Schellacks bespielt wurden, mußten eigens konstruiert werden. Denn es galt, die Töne sehr laut herauszubekommen, um die Schallwellen in die Rillen einzuprägen. So mußte beispielsweise eine aufnahmetaugliche Geige keinen Resonanzkörper aus Holz, sondern einen Schalltrichter wie eine Trompete aufweisen. Alles das ist im Wiener Phonomuseum, einer Besonderheit in der Welt der Musik in Europa, zu bewundern.

Luxustrichtergrammophon, um 1913

Wiener Phonomuseum
6., Mollardgasse 8, Tel. 58 11 159
U 4, 12 A, 13 A, 14 A
Öffnungszeiten: Mi 16–20 Uhr,, So 10–12 Uhr sowie auf Anfrage
Besichtigung mit fachkundiger Erklärung: ca. 2 Stunden

Einen Tritt in den kaiserlichen Hintern

bekam Joseph II., als er sich vom zügellosen Treiben auf dem SPITTELBERG persönlich überzeugen wollte. Eine Gedenktafel im Flur des ehemaligen Gasthauses „Zum weißen Löwen" in der Gutenberggasse 13 erinnert heute noch daran: „Durch diese Thür im Bogen ist Kajser Josef geflogen. Anno 1787." Das 1723 erbaute Barockhaus ist nicht das einzige in dieser Gegend des 7. Bezirks, das amüsante G'schichtln aus der „guten alten Zeit" erzählen könnte. Betrug, Prostitution und Raub waren in den zahlreichen Spelunken alltäglich. Die *Hübschlerinnen* wiegten sich verführerisch im Takt der *Klingenfetzer* – wie man die Musikanten dort nannte –, und wenn ein Gast mehr als nur essen und trinken wollte, bestellte er als Erkennungszeichen das „Horner-Bier". Ursprünglich hieß der Spittelberg „Krowotndörfl" – nach den dort ansässigen Kroaten und Ungarn. 1675 wurde das Gebiet parzelliert, und das Bürgerspital erwarb die Grundherrschaft – daher auch der Name „Spital-Berg", aus dem um 1800 die heutige Bezeichnung „Spittelberg"

Einst berühmt-berüchtigt: das Gasthaus „Zum weißen Löwen", Gutenberggasse 13

wurde. Von diesem Bergerl aus ließ 1683 Kara Mustafa die Wiener Burg beschießen, und 1809 eröffnete die Artillerie General Bertrands (Napoleonische Kriege) von hier aus das Feuer auf die Stadt.

Alt-Wiener Innenhof am Spittelberg

Was wir heute im Anblick der engen verwinkelten Gassen und der in sie hineingepferchten Häuser – die meist weder Hofraum noch Garten haben – als charmant, idyllisch und romantisch empfinden, das war seinerzeit das ungesündeste Gebiet Wiens mit der schlechtesten Luft. Im Besitz der Gemeinde Wien ist das Areal übrigens seit 1795. 180 Jahre später begann die Revitalisierung des alten Grätzls, dessen barocker Vorstadtcharakter trotz mancher Neubauten bewahrt werden konnte.

Als Zentrum gilt die Spittelberggasse mit ihren vielen Pawlatschenhöfen: Auf Nr. 9, dem Bürgerhaus „Zur Kohlkreunze", sehen Sie eine einzigartige illusionistische Fassadenmalerei aus dem 18. Jahrhundert, das älteste Gebäude der Straße finden Sie auf Nr. 22 (errichtet 1695). In dem um 1700 erbauten Amerlinghaus in der Stiftgasse 8 ist das Bezirksmuseum untergebracht. Im Hof steht ein 200 Jahre alter Weinstock.

Der Spittelberg gilt heute als Künstlervorstadt Wiens, mit seinen zahlreichen kunstgewerblichen Werkstätten und Trödlerläden ist er ein Ort der Kommunikation und Inspiration, ein Berg der glücklichen Einfälle.

Spittelberg
7., Spittelberggasse und Umgebung
U 3 (Neubaugasse), 49
Besichtigungsdauer: ca.1 1/2 Stunden

Zeugnisse meisterlicher Handarbeit: das Angebot der Silberschmiede

Ein Objekt der Begierde

war der Silberlöffel bei Tischgesellschaften, deren Teilnehmer nicht unbedingt von Anstand geprägt waren. Das exquisite Tafelrequisit hat nicht nur durch seinen Edelmetallgehalt seine Wertbeständigkeit erworben – veredelt wird es auch durch die oftmals meisterliche Handarbeit, wie sie im MUSEUM DER GOLD- UND SILBERSCHMIEDE in der Zieglergasse 22 nachzuvollziehen ist.

Gefertigt wird hier nach jahrhundertealter Methode, die Werkzeuge und Werkbänke sind zum Teil 150 Jahre alt, die Werkstätten sind original erhalten. So hat der Schmiedemeister seiner Produktions-

stätte auch einen musealen Charakter angedeihen lassen und für Führungen geöffnet.
Was hier die Werkstatt verläßt, ist in jedem Fall ein Einzelstück, Dutzende von Arbeitsgängen durchläuft jeder einzelne Besteckteil. Es beginnt kurioserweise in Gewehrläufen. Weil diese aus bestem Stahl und fein geschliffen sind, wird in sie geschmolzenes Silber hineingefüllt, um maßgerechte Silberstangen für die weitere Verarbeitung zu erhalten. Dann werden auf den zukünftigen Löffel, auf die Gabel oder das Messer je nach Auftrag ein dekoratives Ornament oder ein Wappen gepreßt. Und was die Wölbung des Löffels betrifft, so kommt es da auf den richtigen Schlag an. Indem die passende Metallrundung als Gegenstück zu dem Rohling von einem Mann angelegt und entgegengehalten wird, schafft es der gelernte Schmied, mit einem Schlag dem Stück die richtige Form zu geben. Und dann wird geschliffen, gefeilt und poliert. Es ist eine Arbeit über mehrere Stunden, bis so ein Silberlöffel aus echter Handarbeit fertig und damit sein Geld wert ist.
Die Ergebnisse sind im prachtvoll schillernden Schauraum des Museums der Gold- und Silberschmiede zu bestaunen. Auch die Arbeitsweise von einst bis heute ist zu sehen. Zum Beispiel die Beleuchtung des Arbeitsplatzes in früheren Zeiten: eine Glaskugel mit Wasser gefüllt, die das schwache Licht einer Petroleumlampe bündelt und damit brauchbare Beleuchtung auf dem Arbeitsplatz liefert.
Aber natürlich werden nicht nur Bestecke hier gefertigt. In geduldvoller Kleinarbeit werden Figuren, Blumen und Schalen gebogen, geformt und gefeilt. Auch das Duplikat eines besonders kunstvollen Stückes ist hier ausgestellt: die Nachbildung des Donnerbrunnens auf dem Neuen Markt – in Massivsilber. Ein derartiges Stück aus dieser Silberschmiede hat Bundespräsident Adolf Schärf auf seinem ersten Staatsbesuch in die Sowjetunion 1959 dem amtierenden Staatschef Leonid Breschnew mitgebracht – als Dank für den Staatsvertrag. So weht auch durch das Silbermuseum ein Hauch der jüngeren österreichischen Geschichte.

Museum der Gold- und Silberschmiede
7., Zieglergasse 22, Tel. 523 40 96
U 3, 5
Öffnungszeiten: Mi ab 17 Uhr nach tel. Voranmeldung (Dauer: ca. 1/2 Stunde)

EIN ATTENTAT ALS ANLASS

für die Errichtung einer neuen Kirche außerhalb der Stadtmauern, der VOTIVKIRCHE, die 1856 bis 1879 am Rand des Glacis vor dem Schottentor errichtet wurde.

Der dramatische Vorfall ereignete sich am 18. Februar 1853 auf der Bastei beim Kärntnertor: Der 22jährige Militärschneider János Libényi, gebürtig aus Csákvár bei Stuhlweißenburg in Ungarn, der am Spittelberg lebte und 1848/49 im Monturdepot der Aufständischen tätig gewesen war, lauerte an diesem Tag dem Kaiser bei dessen Spaziergang auf, attackierte Franz Joseph mit einem Messer und verletzte ihn am Hals. Des Kaisers Adjutant, Oberst Maximilian O'Donnell, und der zufällig vorbeikommende Fleischhauermeister Joseph Christian Ettenreich verwickelten den Attentäter in ein Handgemenge und hielten ihn so lange fest, bis eine Polizeistreife vorbeikam und ihn festnahm. Aus Haß, wegen der vielen Hinrichtungen in Ungarn nach 1848, wie er später in den Verhören sagte, habe er das Attentat auf den damals 23jährigen Monarchen begangen.

Figuralfenster in der Votivkirche nach einem Entwurf von Christine Feldmann

Libényi wurde zum Tode verurteilt und eine Woche später „unter stärkster militärischer Bedeckung“ gehenkt. Seine Freunde, obwohl am Attentat nicht beteiligt, wurden zu Schanzarbeit verurteilt. Wäre das Attentat auf Franz Joseph gelungen, es hätte wohl einen nachhaltigen Einschnitt für die europäische Geschichte bedeutet.

Es gab in Wien allerdings auch Stimmen, die das Attentat billigten; bekannt wurde etwa folgender Vierzeiler, der in der Bevölkerung die Runde machte:

Auf der Simmeringer Had
hat´s ein Schneider verwaht.
Es g´schieht ihm schon recht,
warum sticht er so schlecht?

Die Idee, für die Errettung des Kaisers ein Denkmal zu setzen, kam von seinem Bruder Maximilian, der als Kaiser Maximilian von Mexiko (1832–1867) in die Geschichte eingangen ist. Er erließ auch den Spendenaufruf für den Bau einer Gedächtniskirche.

Die Votivkirche, erbaut im Stil der französischen Kathedralgotik

Wenn die Votivkirche auch heute gemeinhin zu den „Ringstraßenbauten" zählt, so stimmt das eigentlich nicht genau, denn zur Zeit der Planung bestand noch der alte Festungswall. Die Kirche steht am Rande des ursprünglichen „Glacis", jener Freifläche, die im Gefolge der Ersten Türkenbelagerung 1529 entstand und per kaiserlichen Dekret mit Bauverbot belegt war. Der Sinn des Glacis bestand darin, freies Schußfeld gegen herannahende Feinde zu haben und diesen keine Deckungsmöglichkeit zu geben. Erst in der Gründerzeit wurden die freien Flächen zwischen Vorstädten und Innerer Stadt sukzessive verbaut.
Der Stil der Votivkirche ist der französischen Kathedralsgotik des 13. Jahrhunderts nachempfunden. Der Bau mit seinen zwei hochragenden Türmen und vielen verspielten Ornamenten und „Türmchen" ist durch und durch neugotisch. Die Orgel, die später auch Anton Bruckner bespielte, ist das in Europa einzige mechanische Werk dieser Größe.
Mit der heutigen Benennung des Platzes vor seiner Votivkirche hätte der katholisch-konservative Kaiser allerdings wohl keine rechte Freude gehabt: Er wurde als „Park" dem Begründer der Wiener Psychoanalytischen Schule, Sigmund Freud, gewidmet.

Votivkirche, 9., Rooseveltplatz
U 2, 37, 38, 40, 41, 42, 43, 44
Besichtigungsdauer: ca. 1/2 Stunde

Kaiser-Josephs-Gugelhupf

wurde der NARRENTURM, der im Zuge der Errichtung des Allgemeinen Krankenhauses eröffnet wurde, wegen seiner zylindrischen Form genannt – ein passender Spitznamen, den die Wiener für diese Anstalt zur Heilung Geisteskranker gefunden hatten.
Kaiser Joseph II. hatte in seinem unermüdlichen Reformwillen auch in der Behandlung der Geisteskranken neue Entwicklungen in Gang gesetzt. Bis Ende des 18. Jahrhunderts war die ärztliche Betreuung Geisteskranker völlig unzulänglich. Patienten wurden in den Krankenhäusern in abgesonderte Räume gesperrt, die meist noch vergittert waren. Dort wurden sie angekettet und ihrer Abnormität wegen wie wilde Tiere gehalten. Nur in Ausnahmefällen und wenn es das Vermögen der Angehörigen zuließ, wurden Geisteskranke in Privathäusern isoliert. Die meisten fristeten ihr Dasein getrennt von den übrigen Patienten, vor allem im Siechenhaus in St. Marx oder im Bürgerspital, in dem es einen eigenen „Kotter für Irre“ gab.

Der „Narrenturm" im alten Allgemeinen Krankenhaus, errichtet 1784 nach Plänen von Isidor Canevale

Mit dem „Irrenturm“ im damals neuen Allgemeinen Krankenhaus, der 1784 eröffnet wurde und einen Meilenstein in der Geschichte der Psychiatrie markierte, sollte die Behandlung deutlich verbessert werden. Nach den Plänen von Isidore Canevale wurde ein fünfgeschoßiger Rundbau errichtet. Seinem Zweck – nach damaliger Auffassung – entsprechend, gleicht er mehr einem Bunker als einer Krankenanstalt. Nicht nur nach außen, sondern auch nach innen: Die Insassen sollten nämlich vor den Boshaftigkeiten und Neckereien der Bevölkerung geschützt werden. In jedem Stockwerk befinden sich 28 Zellen mit schmalen schlitzförmigen Fenstern, die etwas Licht einlassen. In der Mitte gibt es einen Hof. Man schaffte damit Platz für mehrere hundert irre Wiener.

Wie sehr dem Kaiser die richtige Behandlung der Geisteskranken am Herzen lag, zeigt sich darin, daß er selbst die Anweisung gab, wie die ersten Patienten zu behandeln seien:

Im „Normalfall“ sollten „in jede Kammer zu zwei und zwei Männer und Weiber immer von nähmlichen Geschlechte zusammengesperrt werden“. Sogenannte „unruhige Kranke“ sollten „angeschmiedet“ werden.

In seiner ursprünglichen Funktion war der Narrenturm bis 1866 in Betrieb. Später wurde er als Archiv und Krankenschwesternhaus verwendet, dann wurde das Pathologisch-Anatomische Bundesmuseum darin untergebracht. Schließlich hatte man ja seit Mitte des 19. Jahrhunderts in der Nervenheilanstalt Brünnlfeld und um die Jahrhundertwende in der Nervenheilanstalt „Am Steinhof“ entsprechenden Ersatz gefunden.

Pathologisch-Anatomisches Bundesmuseum (Narrenturm)
9., Spitalgasse 2 (altes AKH), Tel. 406 86 72
5, 33, 43, 44
Öffnungszeiten: Mi 15–18 Uhr, Do 8–11 Uhr,
jeden ersten Samstag des Monats 10–13 Uhr
Besichtigungsdauer: ca.1 Stunde

EIN BAROCKER PRUNKBAU

ist das LIECHTENSTEINSCHE SOMMERPALAIS, das von seiner Dimension und Ausgestaltung her eher als Palast zu bezeichnen ist, ein Bau der eindrucksvoll die Stadtentwicklung nach dem Ende der Türkengefahr dokumentiert.

Schärfer könnte der Kontrast nicht sein zwischen den Malereien und Plastiken, die als Klassiker der Moderne im Museum moderner Kunst gesammelt sind, und dem Ambiente, in dem das Museum seit knapp 20 Jahren beheimatet ist. Das Gebäude stammt aus der Zeit, als in der Vorstadt noch ausreichend Platz war und die Bauwut des reichen Hochadels einen wahren Bauboom auslöste. Das war die Zeit um 1700. Die riesigen, noch unverbauten Flächen boten ausreichend Platz, um kunstvolle Parks anzulegen. Und so schuf sich auch die Familie Liechtenstein ein standesgemäßes Sommerquartier außerhalb der Stadtmauern.

In Auftrag gegeben wurde es von Johann Adam I. Fürsten von und zu Liechtenstein; freilich brauchte es nicht weniger als 20 Jahre, um das Palais gemeinsam mit allen Nebengebäuden in zwei Bauetappen von 1691 bis 1711 fertigzustellen.

Mit der Gestaltung dieser Schloßanlage begründeten die Liechtensteins Anfang des 18. Jahrhunderts das Stadtviertel „Lichtental“. Das verbleibende Gebiet jenseits der Als wurde zunächst als Militärschießplatz zum Erproben von Kanonen genützt, 1699 aber vom Fürsten Liechtenstein ebenfalls parzelliert, eine Vorgangsweise, mit der er sich in Gesellschaft zahlreicher Grundherren in Wien be-

Im verträumten Vorhof des Schlosses

Barockjuwel in der Vorstadt: das Liechtensteinsche Sommerpalais

fand, die parzellierte Wiesen und Äcker Bauwilligen zum Kauf anboten: Die teuren Mieten in der Stadt selbst konnten sich vor allem Handwerker und Wirte nicht mehr leisten, sie siedelten sich deshalb in den Vorstädten an und suchten ihrerseits wieder Mieter, um sich eine Rendite zu sichern. Durch die Zusicherung einer zehnjährigen Steuerfreiheit entwickelte sich in Lichtental die Bautätigkeit im ersten Jahrzehnt des 18. Jahrhunderts besonders stark.
Eigentlich sollte diese Vorstadt, die bis 1850 mit eigenem Amtshaus und Brauhaus selbständig blieb und erst dann dem Alsergrund einverleibt wurde, „Karlstadt" heißen – nach Karl VI., der noch in der Gründerphase eine Kirche „Zu den 14. Nothelfern" errichten ließ, die Lichtentaler Kirche. Doch konnte sich der Name nicht durchsetzen, man orientierte sich lieber am Stifter, dem Fürsten Liechtenstein, und blieb bei der Ortsbezeichnung *Lichtental.*
Das prunkvolle Palais selbst wurde 1979 als zweiter Standort für das Museum moderner Kunst neben dem „Zwanzigerhaus" im Schweizergarten angemietet. Zu bewundern sind hier u. a. die großen Wiener Avantgardisten Kokoschka, Schiele und Klimt.
Und für viele stadtgeplagte Erholungssuchende hat sich der Park um das Palais – inmitten des Alsergrunds – zum hochgeschätzten Ruhepol entwickelt.

Liechtensteinsches Sommerpalais (Museum moderner Kunst)
9., Fürstengasse 1, Tel. 317 69 00
D, 40 A
Öffnungszeiten: tägl. außer Mo 10–18 Uhr
Besichtigungsdauer: ca. 2 Stunden

In die Weltliteratur eingegangen

ist ein lauschiger Platz im 9. Wiener Gemeindebezirk: die STRUDLHOFSTIEGE. Hätte nicht Heimito von Doderer mit seinem Roman *Die Strudlhofstiege* diesem prachtvollen Jugendstilbau, dem Verbindungsstück zwischen Strudlhofgasse und der tiefer gelegenen Liechtensteinstraße, zur Bekanntheit weit über den Alsergrund hinaus in aller Welt verholfen, wäre sie wohl eine der vielen „nur schönen" Stiegen Wiens geblieben. Und so bleibt der kundige Stadtwanderer auch bewußt an der Steintafel stehen, in der jene Verse gemeißelt sind, die von der Faszination der Stiege auf den Literaten zeugen:

Wenn die Blätter auf den Stufen liegen
herbstlich atmet aus den alten Stiegen
was vor Zeiten über sie gegangen.
Mond darin sich zweie dicht umfangen
hielten, leichte Schuh und schwere Tritte,
die bemooste Vase in der Mitte
überdauert Jahre zwischen Kriegen.

Viel ist hingesunken uns zur Trauer
und das Schöne zeigt die kleinste Dauer.

Mit seinem großen Epos aus dem Wien der zwanziger Jahre, einem Entwicklungs- und Familienroman, in dem die Strudlhofstiege Treffpunkt realer und phantastischer Figuren und „Lebensbühne dramatischen Auftritts", ja zum „Nabel der Welt wird, begründete Heimito von Doderer seinen internationalen Ruhm, der zur Nominierung für den Nobelpreis und zu Übersetzungen seiner Werke in sämtliche Weltsprachen führte. Benannt ist die Stiege nach einem gewissen Peter Strudel (1648–1708). Die Wiener haben ihn analog zu einer ihrer kulinarischen Köstlichkeiten als „Strudl" „eingemeindet".
Strudel war in seiner Südtiroler Heimat ein bekannter Maler und Bildhauer und wurde auch „Leonardo da Vinci von Südtirol" genannt, ehe er 1692 nach Wien übersiedelte. Was ihm die Wiener zu verdanken haben? Die erste Wiener Kunstakadamie, die er hier gründete. Die

Ein lauschiger Platz inmitten der hektischen Großstadt: die Strudlhofstiege

Strudlhofstiege, die über drei Rampen und 59 Stufen den einstigen Donauhang überwindet, wurde freilich erst Jahrhunderte später gebaut, exakt 1910, nach einem Entwurf von Theodor Jaeger. Und weil sie gleich neben dem einstigen Palais Strudels, dem „Strudlhof" entstand, bekam sie schlicht den Namen „die Strudlhofstiege".
Mit viel Liebe hat man das Baujuwel aus der Gründerzeit vor Jahren renoviert – um jenes Flair zu erhalten, das neben den Romanfiguren Heimito von Doderers schon vielen Liebespaaren ein animierendes Ambiente aus der „Tiefe der Zeiten" bot.

Strudlhofstiege
9., Liechtensteinstraße/Strudlhofgasse 14 a
37, 38, 40, 41, 42, 40 A
Besichtigungsdauer: ca. 15 Minuten

Eine Bühne für die Bürger

Ursprünglich ein Sprechtheater: die Volksoper

entstand 1898 auf der grünen Wiese und war erst gegen allerlei Widerstände erfolgreich, die heutige VOLKSOPER, in der damals allerdings noch Sprechtheater gespielt wurde.
Gleich die Eröffnungsvorstellung in dem neuen Institut am 14. Dezember 1898 geriet zum Skandal. Man gab die *Hermannsschlacht* von Heinrich von Kleist. Der allgemeine Unmut über Auswahl und Aufführung wird in den Worten des damaligen Bürgermeisters Karl Lueger offenbar:
„Bei der Währinger Linie ein Stück, in welchem ein Frauenzimmer ihren Liebhaber einem Bären vorwirft! Das entspricht doch wirklich nicht der Geschmacksrichtung der Wienerin. Wir wollen also hoffen, daß das Theater bald das Volksstück und die Posse pflegen wird."
Leichte Kost also war gefragt, die Hauptdarstellerin erlitt darob einen Nervenzusammenbruch, für den Direktor Adam Müller-Guttenbrunn war es ein schlechter Start. Fünf Jahre später war er dann mit der Leitung des Hauses gescheitert und mußte es schwer verschuldet übergeben. Das war seine zweite Pleite nach dem Raimundtheater.
Gebaut wurde die Volksoper, die damals noch gar keine war, zum 50jährigen Regierungsjubiläum Kaiser Franz Josephs. So war der urspüngliche Name der Spielstätte auch „Kaiser-Jubiläums-Stadttheater", und zum Zeitpunkt ihrer Entstehung lag die neue Bühne noch im Bezirksgebiet Währing.
Eine Vereinigung von Wiener Bürgern unter der Patronanz der Gemein-

deverwaltung hatte das Theater zu Ehren des Kaisers errichten lassen, die Bauzeit war rekordverdächtig: In nur zehn Monaten stand das Gebäude. Was es für ein Lebensgefühl am Eck Währinger Straße/Gürtel damals war, hat Müller-Guttenbrunn, 1852 im Banat geboren, hinterlassen:

„Wenn ich morgens in die Stadt ging und die Gürtelstraße übersetzte, sah ich rechts auf einem eingefriedeten Gebiet eine Herde Schafe weiden, links war ein dürftiger jung angelegter Kinderpark, in dem es stets wimmelte von Kindern und Dienstmädchen. Einige Schritte weiter stand das Verzehrungsgebäude, rechts eine alte Kapelle.

Die Gürtelstraße war noch lange nicht ausgebaut, die ganze Gegend eigentlich trostlos."

Wohlhabende Wiener Bürger finanzierten den Bau des Instituts: die Feststiege

Und doch pilgerten die Bürger nach dem mißglückten Beginn gerne hinaus zum Kaiser-Jubliäums-Theater, das anfänglich nur Sprechstücke gab. Erst nachdem Rainer Simons die Direktion von seinem glücklosen Vorgänger übernommen hatte, wurde das Repertoire durch Singspiele und Opern erweitert und das Theater entwickelte sich zu einem blühenden Unternehmen. Vor allem der Mittelstand schätzte die Darbietungen, daher auch der spätere Name: *Volksoper.*

Im Zweiten Weltkrieg blieb die Volksoper unbeschädigt, damit wurde sie für zehn Jahre auch Ausweichbühne für die Staatsoper.

Volksoper
9., Währinger Straße 78, Tel. 514 44-3218
U 6, 40, 41, 42, 40 A
Führungen nur nach tel. Voranmeldung (Dauer: ca. 30 Minuten)

Er gab sein Leben

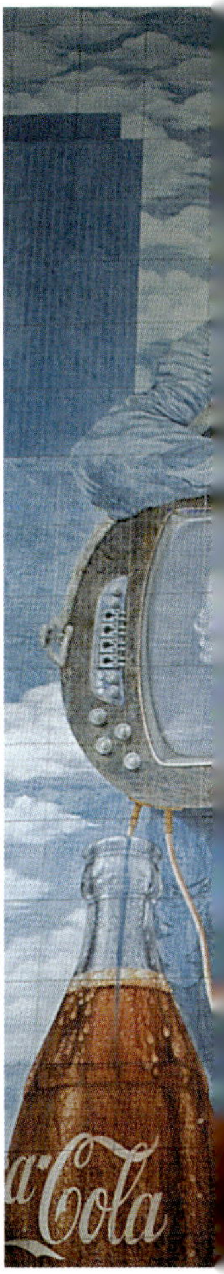

für die größten Fayencen der Moderne in der WIRTSCHAFTSUNIVERSITÄT WIEN, der surrealistische Maler Leherb. Sobald Sie diesen weltweit einzigartigen Monumentalkunstwerken in dem nüchternen Stahlbetonskelettbau mit vorgehängter Alu-Glas-Fassade im 9. Bezirk, zwischen Liechtenstein- und Althanstraße, bzw. Reznicek- und Neuwaldgasse, gegenüberstehen, fühlen Sie sich fast wie in Trance: Das soll einer gemalt haben? Ja, und er hat volle zwölf Jahre daran gearbeitet, denn schließlich sind es über 360 m^2 Bildfläche in zartester altmeisterlicher Technik. Es sind Bilder zum Angreifen – so naturalistisch wirken die Details der Traumwelt dieses Künstlers, der maltechnisch wohl zu den bedeutendsten unseres Jahrhunderts zählt.
„Ja, es sind Bilder zum Angreifen“, bestätigte Maître Leherb bei unserer gemeinsamen Besichtigungstour, „denn bei der Majolika – und Fayence-Technik sind die Farben beim Brennen im Tunnelofen mehr als 900 Grad ausgesetzt und werden dadurch so resistent, daß man sie nicht nur angreifen, sondern auch getrost mit Cheeseburgern bewerfen kann. Ich wünschte nur“, fügte er lächelnd hinzu,„daß es auch Bilder zum Be-greifen sind und daß man versteht, was ich sagen wollte!“
Der Zyklus besteht aus sechs Bildern, von denen jedes 8 x 8 m groß ist. Jedes Bild hat einen Kontinent zum Thema: Europa, Amerika, Afrika, Asien, Australien und als sechstes Bild Arktis und Antarktis als Zusammenschluß der beiden Polarregionen. Es gibt Stellen auf diesen Riesenflächen, wo er an einem Quadratzentimeter einen ganzen Tag malte. Dabei begegnet man u. a. mehr als 5 m großen menschlichen Figuren, die so lebensnah wirken, daß man meint, sie würden jeden Moment aus dem Bild treten. Das faszinierende Werk entstand im italienischen Faenza, der Keramikweltstadt. Und war ein schwieriges Unterfangen, da der Künstler auf äußerst bruchanfälligen Tonscherben arbeitete, die mit Majolikastaub beschichtet waren, was ihm eine

Ein einzigartiges Monumentalkunstwerk: Leherbs „Kontinente" Zyklus in der Wirtschaftsuniversität – Amerika (links) und Europa (Ausschnitte)

Staublunge bescherte, an deren Folgen er im Sommer 1997 verstarb. Eines sei festgehalten: Mit der von ihm angewandten Technik sind dem Malprozeß zwischen dem Grundmaterial Erde und der Vollendung durch das Feuer keine Grenzen mehr gesetzt.

Paradesurrealist Leherb, der eigentlich Helmut Leherbauer hieß, hatte

Arktis (links) und Afrika (Ausschnitte)

bäuerliche Wurzeln. Sein Vater, später Direktor des Piaristengymnasiums in Wien, stammte aus Wallsee. Heute noch stehen in der Gegend von Amstetten die Leherbauer-Höfe seiner Vorfahren. Und der Name Leherb entstand dadurch, daß Helmut den „auer" einfach wegließ. Leherb studierte Bildhauerei beim Vater von Jean Paul Belmondo in

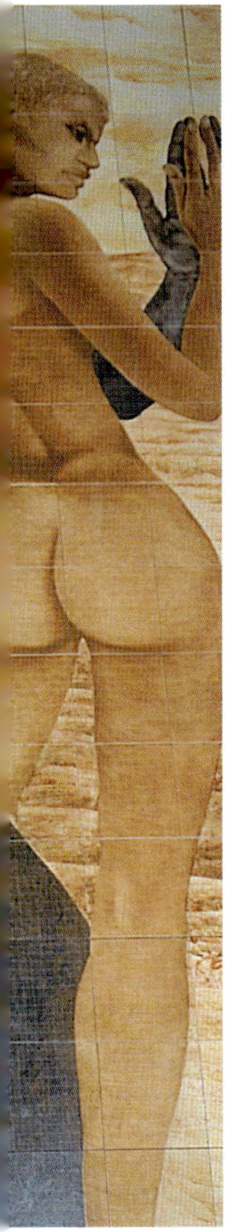

Paris und Malerei an der Akademie für bildende Künste in Wien bei Albert Paris Gütersloh, dem Vater von Wolfgang Hutter. In Paris arbeitete der Maître mit Picasso, André Breton und Dalí zusammen. Sein zweites „Ich“ war seine Gattin Lotte Profohs, deren Zeichnungen Sie u. a. in der Albertina finden.
Das Universitätszentrum, in dem Sie die einmaligen Werke Leherbs entdecken können, wurde 1976–1982 erbaut. Interessant ist, daß sich die Universitätsinstitute auf einer über den Gleisanlagen der Franz-Josephs-Bahn errichteten Baukonstruktion befinden. Darunter liegt der Bahnhof. Im jüngsten Gebäude der Wirtschaftsuniversität stößt man auf Relikte des ältesten profanen Hauses von Lichtental, dem „Liechtensteinschen Brauhaus“, wo man vor 300 Jahren ein besonders starkes, legendäres dunkles Bier braute. In der Reznicekgasse treffen Sie auf zwei weitere alte Häuser, die mit einer Grundfläche von jeweils weniger als 100 m^2 die kleinsten Häuser des 9. Bezirks darstellen (Nr. 12 und 14), und Ecke Badgasse auf ein erst 1994 geschaffenes Kunstwerk Leherbs im öffentlichen Raum: einen Sitzplatz für Spaziergänger, dessen Tor eine Dame mit Taube flankiert. Doch zurück zu seinen Fayencen, die verborgen im Riesenkomplex der Wirtschaftsuni ein typisches Beispiel für das „versteckte Wien“ sind: Kunst, die mit einem Wasserspiegel vergleichbar ist, in den man als Betrachter zu tauchen vermeint ...

Wirtschaftsuniversität Wien
9., Augasse 2–6, Tel. 31 336-0
U 4, U 6, D, 37 A
Besichtigungsdauer: ca.1 Stunde

Der Kampf ums Gasmonopol

Es war ein jahrzehntelanger „Gaskrieg", den die Gemeinde Wien und die ICGA, die „Imperial-Continental-Gas-Association", gegeneinander führten, ehe der Beschluß zum Bau der GASBEHÄLTER SIMMERING gefaßt wurde. Die vier Gasometer wurden dann in der Rekordzeit von nur drei Jahren 1897–1899 errichtet. Sie sind 75 m hoch und die Ziegelmauern bis zu 160 cm stark. Der Kampf um die Gasversorgung spiegelt einerseits die Entwicklung Wiens zur Großstadt wider, andererseits wurde schon damals die monopolistische Stellung multinationaler Unternehmen deutlich.

Die Geschichte der Gaserzeugung in Wien reicht zurück bis zum Beginn des 19. Jahrhunderts. Nach ersten Experimenten mit Gaslampen und -öfen gelang 1818 die Sensation: Ein kleiner Teil der Innenstadt wurde mit 25 Gaslaternen beleuchtet. Ein Versuch, der vom Wiener Polytechnischen Institut, der heutigen Technischen Universität, durchgeführt wurde. Zehn Jahre später wurde es dann ernst mit der gewerblichen Umsetzung der ersten Beleuchtungsversuche. In der Roßau und in Fünfhaus entstanden die ersten privaten Gaserzeugungsgesellschaften.

Als das Gaswerk Fünfhaus 1842 in finanzielle Schwierigkeiten geriet, witterte die ICGA, eine englische Gasgesellschaft mit Sitz in London, ihre Chance. Sie hatte bereits in den zwanziger Jahren des 19. Jahrhunderts erkannt, daß die Gasversorgung in den Ballungszentren Europas ein großes Geschäft zu werden versprach. Über einen Mittelsmann erwarb sie das Werk Fünfhaus und schaffte es mittels Dumpingpreisen, auch das Werk in der Roßau an sich zu reißen. Diese Monopolstellung erlaubte es der Gesellschaft, das Werkenetz auszubauen und mit der Gemeinde Verträge für die öffentliche Beleuchtung der Stadt und der Vorstädte abzuschließen. Dazu installierte die Gesellschaft auch ein flächendeckendes Rohrnetz.

Doch schon bald traten Probleme bei der Versorgung, Preisgestaltung und der sozialen Stellung der Mitarbeiter zutage. Dazu kam die enorme Gebietserweiterung der Stadt durch die Eingemeindung der Vororte. Verträge und Bezahlung der Beleuchtung der neuen Bezirke blieben Streitpunkt zwischen Stadt und ICGA.

Was folgte, war eine fast drei Jahrzehnte dauernde Debatte im Gemein-

Eindrucksvolle Industriedenkmale: die Gasbehälter Simmering, errichtet 1896 bis 1899

derat über die Gasversorgung. Schon 1872 hatte man einen Gemeinderatsbeschluß zur Errichtung eines städtischen Gaswerks gefaßt, der allerdings nicht realisiert wurde. Während man endlos darüber diskutierte, ob die Gemeindeverwaltung die Gasversorgung selbst in die Hand nehmen sollte oder nicht, wurden die Verträge mit der ICGA immer wieder verlängert.

In den neunziger Jahren wendete sich schließlich das Blatt: Im Gemeinderat herrschte zunehmend Einigkeit über die Unzufriedenheit mit der ICGA und die Notwendigkeit einer kommunalen Gasversorgung. Als der Gemeinderat 1896 den Beschluß zur Errichtung eines eigenen Gaswerkes faßte, stand man allerdings schon unter Hochdruck. Denn die Verträge mit der ICGA liefen 1899 aus. Simmering wurde zur Großbaustelle, in- und ausländische Firmen arbeiteten rund um die Uhr am größten Gaswerk auf dem europäischen Kontinent. Pünktlich am 1. November 1899 wurde der Betrieb aufgenommen. Die Ringstraße war bereits am Vorabend erstmals mittels Gas aus diesem Werk beleuchtet worden. Bis 1986 waren die Gasometer in Betrieb, erst die Umstellung auf Erdgas mit unterirdischer Speicherung machte sie überflüssig. Als Industriedenkmäler wurden sie 1978 unter Denkmalschutz gestellt.

Gasbehälter Simmering
11, Eyzinggasse 12
6 A, 78 A, 79 A
Besichtigung nur nach tel. Voranmeldung bei GESIBA, Tel. 534 77-389

Hitzige Debatten im Gemeinderat

hatte es gegeben, bis man sich auf einen geeigneten Standort für den ZENTRALFRIEDHOF einigen konnte. Das war um die Mitte des vorigen Jahrhunderts, nachdem die 1783 unter Joseph II. errichteten fünf Kommunalfriedhöfe zu klein geworden waren. Die Wahl fiel schließlich auf den Simmeringer Grund – nach den Auseinandersetzungen, in denen man auch dem Bürgermeister Cajetan Felder Parteilichkeit vorgeworfen hatte. Es war die Nähe zur Schwechater Brauerei, die dem Bürgermeister mißfiel. Denn diese Brauerei hatte er zu verwalten, bis sein verwaister Neffe Anton Dreher großjährig wurde. Schließlich fiel im Dezember 1866 doch der Beschluß im Gemeinderat zur Errichtung des

Grabdenkmal für Franz von Suppé von Richard Tautenhayn

Zentralfriedhofes an der Simmeringer Hauptstraße. Den Auftrag zur Gestaltung der Anlage erhielten nach einer Ausschreibung zwei Frankfurter Architekten, Alfred Friedrich Bluntschli und Karl Johann Mylius. Obwohl der Zentralfriedhof durch seine mehrmalige Erweiterung gigantische Ausmaße aufweist – er mißt heute mehr als zwei Quadratkilometer –, hat er eine klare Struktur behalten. Den Mittelpunkt bildet die „Dr.-Karl-Lueger-Gedächtniskirche", ein monumentaler Bau, in dessen Gruftraum der Sarkophag des Reformbürgermeisters der Jahrhundertwende untergebracht ist. Schon der Weg zu diesem Zentrum ist mit einer breiten Kastanienallee würdevoll-großzügig angelegt. „Besinnlich einladend" das Haupttor selbst mit seinen großen Reliefs: „Menschen am Tor zu einem Ort ohne Wiederkehr" sowie „Kommet zu uns, die ihr mühselig und beladen seid, ich will Euch erquicken".
Zu beiden Seiten der Hauptallee ruhen bekannte Persönlichkeiten der Stadtgeschichte in Ehrengräbern, und vor der Gedächtniskirche stößt man schließlich auf die Präsidentengruft. Hier werden die Bundespräsidenten der Zweiten Republik beigesetzt. Unweit davon, linker Hand, wurde mit der Gruppe 40 ein Ehrenhain für Kulturschaffende angelegt. Der „zentralen" Bedeutung des Zentralfriedhofs entsprechend, hat man durch die Jahre so manche „Prominente" aus ihren ursprünglichen Grabstätten auf anderen Friedhöfen exhumiert und hierhergebracht. Für Persönlichkeiten, deren Gebeine nicht identifizierbar waren oder deren Grab nicht auffindbar war, wurden Grabdenkmäler errichtet. Prominentestes Beispiel dafür ist Wolfgang Amadeus Mozart.
Und so erfreut sich der riesige „Friedhofspark" nicht nur bei Spaziergängern und „Begräbniskiebitzen", sondern auch bei ausländischen Besuchern hoher Beliebtheit – kein Wunder, vergleicht man die romantisch angelegte, gepflegte Anlage etwa mit den großflächigen, blumen- und baumarmen Grabstätten auf den weiten Wiesen der US-amerikanischen Totenkultur.

Zentralfriedhof

11., Simmeringer Hauptstraße 234 (Haupttor, 2. Tor), Tel. 760 41-0

71, 72

Besichtigungsdauer: ca. 2–3 Stunden

Setzen Sie sich aufs Topferl

eines Ringelspiels und schauen Sie sich den BÖHMISCHEN PRATER von oben an. So ähnlich muß sich ein Vogel im Wind fühlen, ein unbeschreibliches Gefühl der Freiheit um wenig Geld. „Wissen Sie überhaupt“, raunt mir ein alter Baum zu, „warum der Böhmische Prater so heißt? Bis 1890 gehörte das Gebiet am ‚Monte Laa‘, wie die Wiener den Laaerberg liebevoll nennen, im heutigen 10. Bezirk zur Gemeinde Oberlaa, Bezirkshauptmannschaft Bruck/Leitha. Besiedelt wurde es von tausenden böhmischen und mährischen Arbeitern, die im 19. Jahrhundert nach Wien zogen, um für die dort ansässigen Ziegelwerke Lehm abzubauen. Um 1900 war jeder fünfte Einwohner Favoritens Tscheche. Diese Arbeiter und ihre Familien hatten aber nur wenig Geld zur Verfügung – sie konnten sich keine Vergnügungen im Wiener Wurstelprater leisten. Deshalb haben sie sich neben ihren Arbeitsstätten selbst Unterhaltungsmöglichkeiten geschaffen. Schauen Sie, dort – das älteste Karussell Europas aus dem Jahr 1840. Dieses neuneckige Holzringelspiel hat ein Zeltdach aus Pappe und Teer und besteht aus selbstgeschnitzten

Ein Überbleibsel des gemütlichen Wien: der Böhmische Prater

Für Kinder ein großer Spaß: die Fahrt mit einem „Oldtimer"

Pferden, die sein Besitzer heute noch liebevoll Karli, Herbert und Elfi nennt. Seit 1985 steht es unter Denkmalschutz. Die älteste noch benützbare Attraktion ist aber die ‚Raupe', ein 1925 selbstgebautes Berg- und Talgefährt aus Holz. Übrigens sorgte der ‚Watschenmann' schon nach dem Ersten Weltkrieg für Aufsehen im Böhmischen Prater. Erst Jahre später war er dann auch im Wurstelprater zu finden. Und eine Rarität ist das Drehorgelmuseum, wo Sie u. a. ein Orchestrion mit 187 Pfeifen bewundern können.

Dann kam der Zweite Weltkrieg. Ein Großteil des Praters wurde durch Brandbomben verwüstet. Doch 1947 konnte mit einigen Buden und Salettln ein improvisierter Betrieb wiederaufgenommen werden. Und heute locken verschiedene Schieß- und Wurfbuden, ein Puppentheater, Kinderkarussells, eine Minigolfanlage sowie Alt-Wiener Gaststätten und ein 20 m hohes Riesenrad mit einem herrlichen Ausblick über Wien große und kleine Besucher an. Ja ja", sagt der Baum stolz, während ich meine letzten Kreise mit dem Ringelspiel ziehe, „durch das alljährlich stattfindende internationale Treffen der Drehorgelspieler und diverse Veranstaltungen im Tivoli-Center gewinnt unser Vorstadtprater wieder zunehmend an Bedeutung. Die Grundstücke des 1883 von Johann Leitgeb gegründeten Vergnügungsparks wurden 1986 von der Gemeinde Wien erworben, womit Gott sei Dank die Existenz des Böhmischen Praters sichergestellt ist."

Das Ringelspiel ist stehengeblieben. Ich klettere aus dem Topferl und winke dem Baum zu, dessen Wipfel sich durch einen Windstoß wie zum Gruß verneigt. Ich freue mich aufs Wiederkommen – eines der wenigen Überbleibsel des gemütlichen Wien erwartet auch Sie.

Böhmischer Prater, 10., Laaer Wald

15 A, 68 A

Bummel durch den Böhmischen Prater: ca. 1–2 Stunden

Heizkomfort von anno dazumal: ein „American", Modell „Heating"

Ästhetik und Behaglichkeit

für kalte Wintermonate verbinden die Exponate des HEIZUNGSMUSEUMS, eines Kuriosums der Wiener Museumslandschaft.
Es war schon ein bedeutender Einschnitt in der Geschichte unserer Zivilisation, als die Menschen vor Hunderttausenden von Jahren lernten, das Feuer unter Kontrolle zu bringen und gezielt einzusetzen. Mit der Entdeckung, daß man durch Reibung spezieller Steine Funken erzeugen und damit brennbares Material wie Stroh und Holz entzünden kann, war die erste Heizung erfunden: das offene Herdfeuer, das mit Holz beschickt wurde. Daraus entwickelten die praktisch denkenden Römer den Ofen. Und ein Herr namens Sergius Orata soll vor Christi Geburt

die erste „Zentralheizung“ erfunden haben: Von einer Feuerstelle ausgehend, wurden durch Kanäle im Steinboden die Rauchgase abgeleitet, solcherart erwärmte sich der Boden. Vorerst wurde diese Art der Raumbeheizung nur in den hochentwickelten Badehäusern verwendet, später nutzten die wohlhabenden Schichten diese Art der Wärmeverbreitung auch für ihre Häuser. Und natürlich plante man diese Erfindung auch bald in den Militärlagern nördlich der Alpen ein, dort war sie ja tatsächlich dringend nötig.
Die Römer entwickelten diese Art der Zentralheizung schließlich weiter und leiteten die heiße Abluft des Ofenfeuers durch die Hohlziegel der Wände, um so für behagliche Wärme zu sorgen. Damit war der Vorläufer des Kachelofens erfunden.
Wie ungern die Menschen von jeher froren und wie dankbar sie für die gezielte Einsetzung des Feuers waren, zeigt sich auch in der germanischen Kultur des frühen Mittelalters: Es gehörte zur kultischen Tradition unserer Vorväter, das Herdfeuer als heilig zu betrachten.
Wenn im Heizungsmuseum auch nicht ganz so weit in die Vergangenheit zurückgegriffen wird, so ist doch die Geschichte des Heizens in den letzten zwei Jahrhunderten bis hin zu modernster Heiztechnik eindrucksvoll dokumentiert. Im einzigen Museum Europas dieser Art sind prachtvolle Jugendstilöfen ebenso erhalten wie frühe Petroleum- und Badeöfen, mit denen man jahrhundertelang effizient zu heizen glaubte. Die optimale Wärmenutzung wurde aber erst durch die fortschreitende Industrialisierung des vorigen Jahrhunderts und die Entwicklung von Gußeisenradiatoren ermöglicht, die erstmals 1880 in den Vereinigten Staaten verwendet wurden. Und der richtige, nämlich sparsame Einsatz von Energie hat schon früh in diesem Jahrhundert Eingang in die Gesetzgebung gefunden: Eine Verordnung aus dem Jahr 1908 besagt nämlich, daß Amtsräume nicht über 20 Grad beheizt werden dürfen.

Heizungsmuseum
12., Längenfeldgasse 13–15, Tel. 4000-93 231
U 4, U 6, 15 A, 59 A
Öffnungszeiten: Di 13–18 Uhr
Besichtigungsdauer: ca.1 1/2 Stunden

Wissen Sie, wie Gold schmeckt

Probieren Sie es – im ALT-WIENER SCHNAPSMUSEUM in Meidling. Der dargebotene Likör „Schönbrunner Gold“ gehört zu den besonderen Attraktionen des Schnapsmuseums. Das zart-süße Getränk ist mit 23 Karat Blattgold versetzt, eine Tradition, die aus dem Fernen Osten übernommen wurde. Dort wird in reichen Häusern bis heute bevorzugten Gästen Goldstaub auf das Dessert gerieben – ein Zeichen der Wertschätzung und gesundheitlich absolut unbedenklich. Ohne vom „Schönbrunner Gold“ unmittelbar zu kosten – es ist allein schon eine Wonne, durch die Flasche blicken zu können, in der man den Goldstaub in der leuchtenden Farbe der aufgehenden Sonne glitzern sieht.

Ein gutes Dutzend derartiger Köstlichkeiten braut die Familie Fischer heute noch nach guter alter Tradition, die garantiert, daß man nicht kopfwehmachenden Fusel abbekommt, sondern beste Qualität von anno dazumal.

Eigentlich ist es nur ein Zufall gewesen, daß die Destillerie im ursprünglichen Zustand erhaltengeblieben ist:

Für einen geplanten zeitgemäßen Umbau fehlte wie so oft das Geld. Bis man vor einigen Jahren den Wert der originalen Einrichtung erkannt hat und vom reinen Produktionsbetrieb dazu übergegangen ist, die Entstehungsstätte der geistigen

Der „Compositionsraum“: Hier wurden die edlen Schnäpse produziert.

Brennblase aus dem 19. Jahrhundert

Getränke der Öffentlichkeit zugänglich zu machen.
Schon der Verkaufs- und Büroraum – stilgerecht das „Comptoir“ genannt – ist ein museales Prachtstück. Das Ambiente der k.u.k. Zeit ist noch in vollem Umfang erhalten, die Kundenkartei wird händisch geführt.
In der Destillerie selbst, dem „Compositionsraum“, kann der Besucher anhand der Kupferkessel und Rohrleitungen nachvollziehen, wie die edlen Brände entstehen. Den Anfang macht die, wie es im Wienerischen so schön heißt, „Quetschen“: Das Obst kommt oben rein, der „Matschker“, die Fruchtmaische, unten raus. Diese wird mit Hefe versetzt und gelangt so zur Gärung.
Weiter geht es im Herzstück der Schnapsproduktion: Die Fruchtmaische hat bereits ihren Alkoholgehalt und wird mit Dampf, der durch die Kupferleitungen zugeführt wird, erhitzt. In den Kühlschlangen kondensiert er, was herauskommt, ist zuerst der sogenannte Vorlauf – den läßt man besser noch stehen. Denn dann tritt das zutage, was die Seele erfreut und die Gemüter erhitzt: der Schnaps.
Die genauen Rezepte werden in diesem Familienbetrieb freilich nach guter Tradition mündlich weitergegeben und nicht verraten.
Aber über richtige Schnapskultur erhalten Sie hier reichlich Aufklärung. So etwa, daß ein echter Schnaps nie in den Kühlschrank gehört. Das Glas soll nach oben verjüngt sein, damit sich das Aroma so richtig entfalten kann. Und dann lassen Sie, mit diesem Wissen gewappnet, die aromatische Köstlichkeit genüßlich auf der Zunge zergehen.

Alt-Wiener Schnapsmuseum
12., Wilhelmstraße 19, Tel. 815 73 00
U 6, 62, 8 A, 15 A, 62 A
Öffnungszeiten: tägl. 9–19 Uhr, nur nach tel. Voranmeldung (Dauer: ca. 1 Stunde)

Die verborgenen Gemächer der Majestäten

Ursprünglich stand in Schönbrunn nur ein kleines Jagdschlößchen der Habsburger. Nach einigen Erweiterungen im Lauf der Jahrhunderte und der Zerstörung durch die Türken wurde ganz nach dem Vorbild von Schloß Versailles Ende des 17. Jahrhunderts nach Plänen von Johann Bernhard Fischer von Erlach der barocke Prachtbau als Sommerresidenz der Habsburger errichtet; Nikolaus Pacassi, der Hofarchitekt Maria Theresias, verlieh dem Schloß 1744–1749 das heutige Aussehen. Der gesamte Hof, also eine Hundertschaft an Beratern, Dienern, Zofen und Beamten, übersiedelte alljährlich für die Sommermonate von der Hofburg hierher.

Doch wohin haben sich die Majestäten zurückgezogen, wenn sie vom Trubel des Hofes genug hatten oder von den Amtsgeschäften ermüdet waren? In die sogenannten BERGLZIMMER. Benannt nach dem Maler Johann Wenzel Bergl (1718–1789), der sie zu Zeiten Maria Theresias gestaltet hat.

Verläßt man die Prachträume des ersten Stock des Schlosses, durch die sich alltäglich die Touristenströme wälzen und verweilt noch etwas im Erdgeschoß, stößt man auf den Trakt, der die Berglzimmer beherbergt und der auch den Wienern weithin unbekannt ist. Es ist jener Teil des Schlosses, der sich, von der Gloriette aus gesehen, rechts der Hauptstiege befindet.

Residierten die Herrscher ja nur zur Sommerszeit in Schönbrunn, schätzten sie die Berglgemächer schon allein deshalb, weil sie angenehm kühl waren. Die Nähe zum Erdreich und die typischen grünen Fenster- und Türläden im passenden Kontrast zum Schönbrunngelb der Mauern sorgen für die richtige Temperierung. Von hier aus konnten die Kaiser unbehelligt einen Gang durch den Park antreten, ohne den üblichen „Rattenschwanz" an Hofdamen und Dienern hinter sich herziehen zu müssen. Und – in den unteren Gemächern, den Berglzimmern, galt das Hofzeremoniell nicht, hier war somit die Intimsphäre der Herrscher gewahrt.

25 Zimmer und Salons umfaßt dieser Teil des Schlosses, elf davon gestaltete Johann Wenzel Bergl, der sich der idyllischen Landschaftsma-

Exotische Urwaldpracht in barockem Ambiente: die Berglzimmer im Schloß Schönbrunn

lerei verschrieben hatte. Seine Wandgemälde und Deckenfresken bieten eine Kombination aus exotischen Themen, Naturschwärmerei und dem damals herrschenden Barock: Urwaldpflanzen umranken Barocksäulen, dazwischen Steppen- und Urwaldtiere und fremdländische Vögel. Eine eigenwillige illusionistische Malerei und sehr gewöhnungsbedürftig. Die kontrastreiche Farbmischung zieht sich vom Parkettboden bis zum Plafond, ohne ein einziges weißes Fleckchen überzulassen. Eine Kunstform, mit der Bergl in seiner künstlerischen Karriere eigentlich gescheitert ist: Er wurde nie als volles Mitglied der Wiener Akademie akzeptiert – ein Schicksal, unter dem er zeit seines Lebens gelitten hat. Nicht so kritisch war jedoch der kaiserliche Hof, der mit Bergls origineller Gestaltung der Privatgemächer sehr zufrieden war.

Berglzimmer
Schloß Schönbrunn, 13., Schönbrunner Schloßstraße, Tel. 81 113-239
U 4, 10, 58
Öffnungszeiten: tägl. Mai–Sept. 8.30–17 Uhr, Okt.–April 8.30–16 Uhr
Besichtigung des Gesamtprojekts: ca. 3 Stunden

Prunkwagen aus der Wagenburg

Des Kaisers Kutschen und Karossen

kann der Besucher von Schloß Schönbrunn in der WAGENBURG bestaunen. Ein Rolls-Royce ist wohl als Billigprodukt zu bezeichnen, vergleicht man dieses Luxusvehikel von heute mit den pferdegezogenen Prunkkarossen vergangener Jahrhunderte. Erst vor wenigen Jahren hat man eine kaiserliche Kutsche für eine Ausstellung nach New York transferiert – mit dem sagenhaften Versicherungswert von 100 Millionen Schilling. Und in der Tat haben sich die Herrscher ihren fahrbaren Untersatz einiges kosten lassen, galt das Fortbewegungmittel zu jeder Zeit doch schon als Prestigeobjekt. In der Wagenburg zu Schönbrunn wird ein kleiner Teil der edlen Gefährte, die erhalten geblieben sind, streng bewacht und rundum gegen Feuer und Besucher mit unlauteren Absichten gesichert, ausgestellt. Übrigens: Nicht nur Kutschen, auch Schlitten, Sänften oder Tragsessel sind hier zu sehen.
Raumfüllend und Musterstück der Sammlung: die Kaiserkutsche mit einem Gespann von acht Schimmeln: Darin ließ sich Erzherzog Joseph 1765 zu seiner Krönung in Frankfurt am Main die letzten Meter chauffieren. Die mit Blattgold veredelte Karosse zieren acht allegorische Gemälde. Für Reisen über weite Strecken waren diese Kostbarkeiten nicht gedacht und gemacht. Plante ein Kaiser einen pompösen Einzug mit einer derartigen Prachtkarosse, wurde sie vorher in ihre Grundbestandteile zerlegt und sorgsam zum Ort des Geschehens gebracht. Dort erst wurde sie wieder zusammengebaut und fuhr letztlich nur wenige

Meter, um in ihrer fragilen Beschaffenheit den strengen protokollarischen Pflichten standhalten zu können.

Für die eigentliche Reisetätigkeit mußte schon ein weniger luxuriöser, robuster Untersatz her. Doch auch diese etwas unauffälligeren Modelle ließen an Ausstattung nichts zu wünschen übrig. So sorgte man dafür, daß der Monarch für seine Notdurft nicht einmal aussteigen mußte. Eine Kutsche mit eingebautem Abort kann man in der Wagenburg wenn auch nicht testen, so zumindest bei entsprechender Phantasie in der Anschauung vorbeifahren lassen.

Auf Gefahren, die durch Indiskretion drohen könnten, haben die Hohen Damen und Herren der wohlhabenden Schichten einstens besonders geachtet. So gibt es hier Kutschen, die keinen Platz für den Kutscher vorgesehen haben. Man wollte beim privaten Tête-à-Tête oder politischen Gesprächen während der Fahrt nicht belauscht werden. Die Funktion des Kutschers übernahm ein Reiter, der die Zugpferde im Parallelgalopp steuerte. Der heutige Begriff Jockey leitet sich aus der damaligen Funktion ab. Daß eine jener prunkvollen Karossen jemals noch in offiziöser Funktion unterwegs sein sollte, hat kaum noch jemand angenommen, schon gar nicht die Wächter der Wagenburg. Sie waren ob des plötzlichen Interesses an der schwarzen Kutsche in einem Eck der Wagenburg einigermaßen überrascht – der Totenwagen der Habsburger sollte doch noch einmal zum Einsatz kommen: als die Kaiserin Zita ihren letzten Weg nahm, von der Augustinerkirche zur Kapuzinergruft.

Über 100 historische Wagen sind in der Wagenburg zu besichtigen.

Wagenburg, 13., Schloß Schönbrunn, Tel. 877 32 44-0
U 4, 10, 58
Öffnungszeiten: tägl. Mai–Sept. 8.30–17 Uhr, Okt.–April 8.30–16 Uhr
Besichtigungsdauer: ca. 1 Stunde

Es begann mit einem Elefanten

Dem Leben in den Eiswüsten von Arktis und Antarktis, in dichten Regenwäldern und den Felswänden hoher Berge mitten in der Stadt begegnen zu können – das ist das Faszinierende am TIERGARTEN SCHÖNBRUNN.

Begonnen hat alles mit einem Elefanten. In einem Bericht zum Jahre 1552 lesen wir:

„Vom frühen Morgen an drängte sich eine riesige Menschenmenge durch die Gassen von Wien. Jung und alt, arm und reich, adelig und bürgerlich, heute blieb niemand zu Hause, und sogar aus weit entfernten Gebieten waren Besucher in die Stadt gekommen, denn heute am 7. Mai 1552, sollte Maximilian II., der älteste Sohn und nunmehrige Nachfolger Kaiser Ferdinands I., mit seiner Gattin Maria aus Spanien zurückkehren und im Festzug in die Stadt einziehen. Die Stadt war zum Empfang des hohen Paares auf das prachtvollste geschmückt: Am Weg, den der Zug nehmen sollte, waren drei herrliche Triumphpforten errichtet worden. Die Reisegesellschaft hatte auf ihrem Weg von Spanien nach Wien schon für große Aufregung gesorgt. Denn der junge Kronprinz

Raubkatzen sind eine der Hauptattraktionen des Tiergartens Schönbrunn.

Gegründet wurde die „Menagerie" in Schönbrunn von Kaiser Franz I., dem Gemahl Maria Theresias

brachte in seinem riesigen Gefolge auch einen Elefanten mit, ein Tier das bisher noch nie deutschen Boden gesehen hatte und überall als Wunder bestaunt wurde."
Bei diesem Festzug kam es zu einem Zwischenfall: Bei dem Gedränge am Graben stürzte ein fünfjähriges Mädchen zum Entsetzen aller vor die Füße des riesigen, furchterregenden Tieres. Der Tod schien unausweichlich. „Doch es kam anders. Ohne das Kind zu verletzen, beschrieb der Elefant mit seinem Rüssel einen weiten Kreis, um sich Platz zu verschaffen, hob es zart empor und überreichte es der weinenden Mutter. Die Zuseher brachen in Jubel aus, der Elefant trompetete fröhlich und hatte die Herzen der Wiener im Sturm erobert."
Nach diesem Festzug wurde der Elefant als erster exotischer „Bewohner" in das neue Tiergehege einquartiert, das Maximilian im Schloß Ebersdorf eingerichtet hatte. Die „Menagerie" von Schönbrunn, die diese lange Tradition kaiserlicher Tiergärten fortsetzte, wurde von Kaiser Franz I. gegründet und 1752 nach Plänen des Hofarchitekten Jean Nicolas Jadot de Ville-Issey angelegt; systematisch begann er den Tierbestand des Zoos zu erweitern, der heute aus der Stadtlandschaft Wien nicht mehr wegzudenken ist.

Tiergarten Schönbrunn
13., Maxingstraße 13 B, Tel. 877 12 36-0
U 4, 58, 56 B, 48 B, 156 B
Öffnungszeiten: tägl. 9–18.30 Uhr, Besichtigungsdauer: ca. 3 Stunden

Originalgetreu wieder aufgebaut: der Tirolerhof aus Brandenberg, Bezirk Kufstein

Ein Bergbauernhof in Wien

Es ist nicht weit zu Fuß aus der Mitte Wiens in die bergbäuerliche Kultur der Tiroler Alpen. Ist man schon einmal bei der Gloriette angelangt und bewegt sich durch die Wälder des Tiergartens Schönbrunn in Richtung Sonnenuntergang, stößt man bald auf eine für die Großstadt unübliche Erscheinung: einen Bergbauernhof aus Tirol, den Heidachhof.
Vor vier Jahren wurde der Heidachhof, wie er seit Jahrhunderten an seinem ursprünglichen Standort geheißen hat, hierher verbracht. Es handelt sich um ein original erhaltenes Tiroler Bauernhaus aus Brandenberg im Bezirk Kufstein.
Im Jahre 1722 wurde es erbaut, also vor rund 275 Jahren, und ist somit um 30 Jahre älter als der Tiergarten Schönbrunn selbst. Bis vor fünf Jahren war der Heidachhof an seinem alten Stammplatz in Brandenberg bewohnt und wurde in traditioneller bergbäuerlicher Weise bewirtschaftet.
Daß der Tiroler Bauernhof von einem alten Bauernehepaar ohne Nach-

folger erstanden (ausschließlich von Sponsoren finanziert), fein säuberlich zerlegt, nach Bestandteilen katalogisiert und geordnet nach Wien verfrachtet und hier originalgetreu wiederaufgebaut wurde, ist nicht gerade als Marotte des amtierenden Tiergartendirektors Helmut Pechlaner, eines gebürtigen Tirolers, zu verstehen. Vielmehr wurde damit gutgemacht, was vor 20 Jahren zerstört wurde. Denn bereits 1803 hat Erzherzog Johann an derselben Stelle als Sinnbild der Völkerverständigung einen TIROLERHOF errichten lassen. Der wurde allerdings in den siebziger Jahren, wie so vieles, als nicht erhaltenswürdig erachtet und einfach abgerissen. Mit dem Heidachhof wurde nun eine vergessene Tradition wiederaufgenommen.

Es ist nicht nur Idylle, die einem begegnet, betritt man das Gehöft. Es zeugt vielmehr von den harten Lebensanforderungen an die Bergbauern und vom Überleben „auf der Alm". Die Stube mit dem Kachelofen, die Küche mit dem Holzherd als einzige Wärmequellen des Hauses, darüber die spartanisch und mit religiösen Requisiten eingerichteten Gemächer der Bauernsleute und Dienstmägde. Im Stock darunter der Stall mit den Kühen, Schafen, Ziegen und Pferden, die unter den denkbar schlechtesten Umständen an Klima, Futter, Höhe und Hanglage das Nötigste zum Leben bringen.

Hier mitten in der Großstadt kann man es nachvollziehen, das entbehrungsreiche Leben der Bergbauern. Und nicht zuletzt kann man hier auch genießen, was in fernen Höhenlagen an urtümlichen Schmankerln hervorgebracht wird: Speck, Brot, Käse, Schnaps ...

Dokumentiert den Alltag der Bergbauern: Schauraum im Tirolerhof

Heidachhof (Tirolerhof)
13., Montecuccoliplatz/Seckendorff-Gudent-Weg, Tel. 877 12 36-0
8 A, 56 B, 58 B, 156 B
Öffnungszeiten: tägl. 9–18.30 Uhr, Besichtigungsdauer: ca. 1/2 Stunde

Der schönste Fuchs-Bau im Wienerwald

ist die 1886–1888 von Ringstraßenarchitekt OTTO WAGNER errichtete VILLA in der Hüttelbergstraße 26 im 14. Bezirk, die heute das *Ernst-Fuchs-Privatmuseum* beherbergt. Otto Wagner (1841–1918) erbaute das Haus für den eigenen Gebrauch. Entgegen allen Gerüchten war es nie für Kronprinz Rudolf bestimmt. 1858 wurde die Westbahn – damals noch Kaiserin-Elisabeth-Bahn – eröffnet, wodurch in der Folge aus vielen Sommerfrischen, die an der Bahnlinie lagen, ständige Wohnsitze wurden. Auch k.u.k. Oberbaurat Wagner, Professor an der Akademie für bildende Künste, entschloß sich 1895, die Villa ganzjährig zu bewohnen. Dies, obwohl er nicht die Bahn benützte, sondern sich täglich im Zeiselwagen zur Akademie kutschieren und wieder abholen ließ.
Sie stehen also in Hütteldorf vor der Villa, die wie ein Tempel aus „Tausendundeiner Nacht" wirkt, und vielleicht spüren Sie die Distanz zwischen Ihnen und dem fremdländisch anmutenden Bauwerk. Doch

Eine prachtvolle Jugendstilvilla als Künstlerdomizil: Otto Wagners „erste" Villa in der Hüttelbergstraße, heute im Eigentum von Ernst Fuchs

plötzlich entdecken Sie in der Monotonie des Gartenzauns einen Baumstamm, der nicht geschlägert, sondern in die Abgrenzung integriert wurde, obwohl er eigentlich im Weg stand. Sie freuen sich darüber und bemerken dann, daß hier an vielen Stellen die Natur kunstvoll mit dem verbunden wurde, was Menschenhand geschaffen hat. So fügt sich auch das „Brunnenhaus an der tausendjährigen Eiche", von Ernst Fuchs entworfen, harmonisch in die Umgebung ein.
Aber bleiben wir vorerst noch bei Otto Wagner, der zu Baubeginn „Artis sola domina necessitas" (Die Kunst kennt nur einen Herrn – das Bedürfnis) auf seine Villa schrieb, deren Gestaltungsweise er als „freie Renaissance" bezeichnete. Das Haus hat auch etwas Italienisches an sich und ist in wienerischer Ausformung zu einem Manifest Otto Wagners und seiner Auffassung von Kunst geworden.
Otto Wagner starb 1918, im selben Jahr wie Egon Schiele und Gustav Klimt. Sieben Jahre zuvor fand die Prunkvilla in Ben Tiber, dem einstigen Besitzer des Ronacher und des Apollo-Theaters, ihren Käufer, und als man sie 1963 demolieren wollte, erwarb sie der Maler, Bildhauer, Autor, Komponist, Architekt, Sänger und Zeichner Prof. Ernst Fuchs, Begründer der Schule des „Phantastischen Realismus". Fuchs ist Visionär und Alchimist, in seinen Bildern ergänzen sich Psychoanalyse und Phantastik, expressionistische Spontanität und religiöse Thematik. In der Otto-Wagner-Villa wird Fuchs zum genialen Gestalter im weitesten Sinn, „der Geist des Hauses hat ihn ergriffen". Wie Otto Wagner ist er bestrebt, eine Einheit zwischen außen und innen zu schaffen. Bis ins kleinste Detail gestaltet er dieses Zusammenspiel unter Erhaltung und Restaurierung des Vorhandenen zu einem harmonischen Ganzen. Er kreiert Möbel und läßt sie bauen, er entwirft Tapeten, Möbel- und Vorhangstoffe und erfindet Bilderrahmen, die eine Verbindung zwischen seinen Bildern und dem jeweiligen Raum herstellen. Selbst das Geschirr, das hier verwendet wird, hat Fuchs geschaffen und dem Gesamtkunstwerk als Teil einverleibt. „Ich versammle gerne alle Künste", sagte er zu mir. Hingehen, anschauen!
P. S: Die „Zweite Villa Wagner" (Haus Nr. 28) finden Sie gleich nebenan!

Otto-Wagner-Villa, 14., Hüttelbergstraße 26, Tel. 914 85 75
49
Besichtigung: von März bis Okt. nur nach tel. Voranmeldung (Dauer: ca.1 Stunde)

Erste Hilfe oder Folter

Professionelle Organisationen zur Rettung von Menschen aus bedrohlichen Situationen sind eine relativ späte Entwicklung, wie das SANITÄTSMUSEUM WIEN in seinen Schauräumen dokumentiert. Und was man einmal als „Erste Hilfe“ verstand, erinnert heute schon eher an Foltermethoden – vormals wurde die Zunge mit einer Nadel durchstochen und über die Lippen hinaus befestigt, später mit einer entsprechenden Vorrichtung schlicht nach außen gespannt, damit die Patienten nicht erstickten. Daß es die „stabile Seitenlage“ auch tut, wurde ebenso wie die Wiederbelebung erst im Jahre 1960 erkannt. Es war der Wiener Peter Safar, der 1960 die Reanimation zusammen mit dem Zurückstrecken des Kopfes als lebensrettende Sofortmaßnahme entwickelte.

Spuren des Rettungswesens lassen sich bis ins 11. Jahrhundert zurückverfolgen. Eine erste Hilfsorganisation – jene der Malteserritter – wurde im Hospiz zu Jerusalem gegründet. Hierzulande setzte den Startschuß zum Rettungswesen Maria Theresia mit einem kaiserlichen Dekret über den öffentlichen Rettungsdienst. Hierbei ist es allerdings vor allem um Unfallverhütung gegangen, wie aus den Dokumenten zu entnehmen ist, die beschreiben, was etwa vor der Reinigung lang verschlossener Brunnen zu unternehmen sei.

Einen wesentlichen Fortschritt bewirkte dann der niederösterreichische Sanitätsreferent Pasqual Jo-

Tragsessel der „Wiener Freiwilligen Rettungsgesellschaft“, nach einem Entwurf von Jaromir von Mundy, um 1885

„Sanitätskapperln" aus den Jahren 1881 (links), nach 1945 (mitte) und 1955 (rechts)

seph Ferro, der 1803 eine Rettungsanstalt eröffnete und erreichte, daß in allen Wiener Gemeindestuben Krankentragen vorhanden sein mußten. In den Wirren der napoleonischen Kriege gingen diese Errungenschaften jedoch wieder verloren.

Zum wirklichen Durchbruch eines funktionierenden Rettungwesens bedurfte es dann im vorigen Jahrhundert zweier Katastrophen: Zum ersten der entsetzlichen Schlacht von Solferino 1859. Sie veranlaßte den Schweizer Arzt Henry Dunant dazu, das Rote Kreuz zu gründen – für eine humanere Kriegsführung, wie er damals sagte.

Zum zweiten war da der Ringtheaterbrand von 1881 – Hunderte von Menschen kamen ums Leben. Daraufhin wurde von dem angesehenen Militärmediziner Jaromir von Mundy (1822–1894) die „Wiener Freiwillige Rettungsgesellschaft" gegründet.

Wie sehr die Rettungsmaßnahmen speziell aus Kriegszeiten die Entwicklung bestimmen, zeigt noch ein weiterer Aspekt: Die heutige Form des Eisenbahn-Waggonbaus mit Mittelgängen und Übergängen zwischen den Waggons resultiert auch aus der Notwendigkeit, daß Ärzte und Helfer bei Krankentransporten aus Kriegsgebieten die Verletzten zu versorgen hatten. Bis dahin war der Zutritt zu den Abteilen nur von außen möglich.

So ist hier im Sanitätsmuseum die Entwicklung des Erste-Hilfe-Wesens dokumentiert – von den ersten Krankentransportwagen bis zur Ausrüstung einer modernen Notarztambulanz – und natürlich fehlen auch nicht die Anleitungen für alle, die wissen möchten, wie man selbst Hand anlegt, um im Notfall wirklich helfen zu können.

Sanitätsmuseum Wien
15., Pillergasse 24, Tel. 891 45-8311
U 4, 15 A, 63 A, 64 A
Öffnungszeiten: Do 16–20 Uhr, Besichtigungsdauer: ca.1 Stunde

Einst der Stolz der Österreichischen Bundesbahnen: die E-Lok 1045.14, von 1937–1995 im Einsatz auf der Westbahn und in Salzburg

Im Tempel des Erfindergeists

Was macht zu Weihnachten der Vater mit den Kindern, während die Mutter den Weihnachtsbaum schmückt und die Bescherung vorbereitet? – Früher jedenfalls, nach guter Tradition, einen Gang ins Technische Museum.
Nicht nur die liebgewordene Ablenkung durch den Computer läßt den Gang am verheißungsvollsten Tag des Jahres unnötig werden, die letzten Jahre hindurch wäre man sowieso vor verschlossenen Türen gestanden. Der Generalsanierung und Neukonzeption wegen.
Ob zweiteres wirklich notwendig gewesen wäre, hätte zur Zeit der Errichtung nicht autoritäre Willkür geherrscht, bleibt offen. Denn immerhin hätte Otto Wagner das Technische Museum errichtet, wäre es mit rechten Dingen zugegangen. Es war der letzte große Museumsbau der Monarchie. Und der Ausschreibung erster Preis war Otto Wagner zuerkannt worden, der heute als bedeutendster Jugendstilarchitekt gilt. Doch noch einmal schafften es die als „Bewahrer“ angetretenen „Verhinderer“ der Moderne sich wirkungsvoll aufzubäumen und „Neuzeitliches“ zu verhindern. Durch eine Intervention des Thronfolgers Franz Ferdinand höchstpersönlich, einem erklärten Gegner neuer Stil-

Hauptfassade des Technischen Museums (Detail)

formen, wurde einem städtischen Baurat der Zuschlag erteilt. Das Museum wurde nach den Plänen Hans Schneiders entworfen. Was dann als Technisches Museum gebaut wurde, zeichnet sich dadurch aus, daß es keinen einheitlichen Stil hat. Für Experten ist es ein nichtklassifizierbarer Mischstil.

Gesammelt hat man allerdings sehr bedeutende Ecksteine technischer Entwicklung. So ist die Originalnähmaschine von Josef Madersperger, der sich in der Zeit um 1815 mit neuen Möglichkeiten der dauerhaften Verbindung von Stoffen befaßte, ebenso erhalten wie die Zeichnungen und Modelle zur Erfindung der Schiffsschraube von Josef Ressel. Und auch ein Konzertflügel von Bösendorfer aus dem Jahre 1850 oder das Elektromobil von Lohner-Porsche aus der Zeit um 1900 sind hier zu bestaunen. Zeitlich reichen die Objekte der Sammlung weit zurück, bis in das 16. Jahrhundert. Zu den bedeutendsten Stücken zählt eine Prunkuhr mit Planetarium aus jener Zeit.

Zweifellos gab man sich beim Umbau des Technischen Museums große Mühe, der Vielfalt menschlichen Erfindergeists Rechnung zu tragen, und man scheute auch selbst vor technischen Herausforderungen nicht zurück: Um mehr Ausstellungsfläche zu gewinnen und neue Galerien einziehen zu können, wurde die 230 Tonnen schwere Kuppel über der Osthalle nach den neuesten Methoden der Ingenieurstechnik angehoben. Es ist zu hoffen, daß diese Anstrengungen der Qualität der Objektpräsentation zugute kommen.

Technisches Museum
15., Mariahilfer Straße 212, Tel. 899 98-0
52, 58, 10 A
Besichtigungsdauer: ca.2 Stunden (geöffnet ab 1999)

Der Malzturm der Ottakringer Brauerei

Hopfen und Malz

sind seit nunmehr über 160 Jahren in der OTTAKRINGER BRAUEREI die wichtigsten Ingredienzen für die Produktion des beliebten Gerstensafts.

Wir schreiben das Jahr 1837. Die Wiener staunen über die erste Dampflokomotive in ihrer Stadt, und auf der Donau bewegen sich die ersten Dampfschiffe. Es ist die Zeit des allgemeinen Aufbruchs in das Industriezeitalter.

Im selben Jahr beschließt also der Müllermeister Heinrich Plank aus Rannersdorf, auch etwas Neues zu probieren. Er versucht es mit Bier. Hier in Ottakring gründet er eine Brauerei.

Der Gerstensaft hatte längst die Beliebtheit des Weines eingeholt, mußte aber von weit her transportiert werden. Der Erfolg war dem jungen Unternehmer somit sicher, und daran sollte sich bis heute nichts ändern. Wenn auch heute mit modernster Technik nach Computerprogrammen gebraut wird, so hat man die alten Braukeller erhalten, um den Besuchern einen Einblick in die Künste der Braumeister und der Schwerarbeit der Brauereiarbeiter von damals zu gewähren.

Drei Stock geht es hinunter, auf rationale Platznutzung hat man auch schon einst achten müssen. Herzstück der Brauerei und Zentrum der Anlage ist das Sudhaus. Riesige, prachtvolle, schillernde Kupferkessel sind über zwei Stockwerke in die Tiefe versetzt. Hier wurde Hopfen und Malz mit Wasser vermischt und gekocht. Was herausgekommen ist, war die „Heißwürze". Abgekühlt versetzt man sie mit Hefe, und damit ist auch schon die Gärphase eingeleitet. Die Stärke verwandelt sich in Alkohol und Kohlensäure. Und dann kommt es auf die richtige Lagerung an. Die Altbestände an stockwerkgroßen Fässern zeugen davon, wie es anno dazumal zugegangen ist. Für die Reinigung gab es kleine Einstiegsluken, durch die die Männer schlüpfen mußten, um die Fässer im Inneren zu schrubben.

Heute passiert das Brauen freilich mit ein paar Handgriffen. In riesigen zylinderkonischen Tanks wird der edle Gerstensaft zubereitet. Der Braumeister braucht nicht mehr durch die Keller zu marschieren, um nach der rechten Reifung zu sehen. Gesteuert wird alles mit ein paar Drehungen an den Ventilen der Tanks, und was ausschaut wie die Schaltzentrale eines Kraftwerkes, ist der computerisierte Überwachungsraum für die richtige Entstehung des Hopfentees.

Einen Rundgang durch die Brauerei sollten sich echte Bierliebhaber nicht entgehen lassen, um einmal nachzuvollziehen, wie der goldene Gerstensaft entsteht – und freilich aus den Leitungen auch das ganz frische Gebräu verkosten.

Ottakringer Brauerei
16., Ottakringer Str. 91, Tel. 49 100-0
9, 44, J
Führungen auf Anfrage
Besichtigung: ca. 1 1/2 Stunden

Zeugnisse alter Brauereitechnik: der kupferne „Kaps", eine Kanne zur Entnahme von Würze aus der heißen Pfanne (links), und eine „Couleurkanne", in der gekochter, gesponnener Zucker aufbewahrt wurde

Wiener Heurigen-Gemütlichkeit

in ihrer echten, unverfälschten Form gedenkt das SCHRAMMELZIMMER im Rahmen des Bezirksmuseums Hernals. Denn nicht alles, was man so beim Heurigen zu hören bekommt und wie „Schrammelmusik" klingen soll, ist das, was als „Die Schrammeln" in die Wiener Musikgeschichte eingegangen ist. Johann und Josef Schrammel waren nämlich echte Virtuosen.

Die Brüder wurden bereits frühzeitig in Musik unterrichtet. Im Jänner 1861, Johann war zehn Jahre alt, sein jüngerer Bruder Josef gar erst acht Jahre, traten sie mit ihrem Vater Kaspar und einem Verwandten im Gasthaus „Zum goldenen Stuck" auf. Das war für die jungen Violinisten bereits der Durchbruch. Wegen des großen Erfolges wurden sie auf das Konservatorium zugelassen und vom Direktor selbst unterrichtet.

Johann schlug die klassische Musikerkarriere ein. Er wurde Geiger im Harmonietheater und im Theater in der Josefstadt dann auch Militärmusiker. Mit 27 Jahren quittierte er seinen Dienst bei der k.u.k. Armee.

Das Geschäft mit der Salonmusik ging zu diesem Zeitpunkt bereits immer schlechter. Josef Schrammel schlug seinem Bruder vor, sich mit dem Gitarristen Anton Strohmayer zu einem Terzett zusammenzuschließen. Ziel war es, eine Volksmusik zu bringen, wie man sie in Wien noch nicht gehört hatte. Als sich 1878 auch noch der Klarinettist Georg Dänzer dazugesellte, hatte die Geburtsstunde des Schrammel-Quartetts geschlagen. Die Klarinette bezeichneten die Wiener

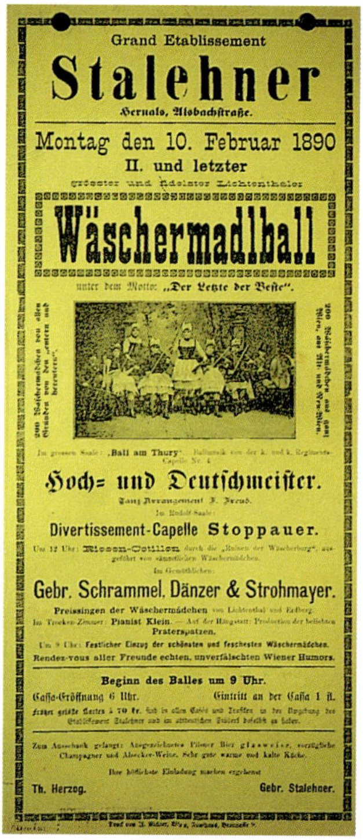

Im legendären Etablissement Stahlehner in der Jörgerstraße 22 trat das Schrammelquartett besonders gerne auf.

Johann Schrammel, der älteste
der Schrammel-Brüder.
Büste im Schrammelzimmer.

bald nur noch als „das picksüaße Hölzl", fünf Jahre später wurde sie durch die Harmonika ersetzt. Das neue Musikgenre war in seiner Beliebtheit nicht zu schlagen, die Kompositionen *Wien bleibt Wien, Mir san in Wien a Herz, a Sinn* oder *Weana Gmüat* wurden fortan von den Heurigenmusikanten übernommen.

Doch sowohl Johann wie auch Josef Schrammel wurden nur 43 Jahre alt. Ein Denkmal hat ihnen nicht nur der Bildhauer Eduard Robitschko in der Parkanlage an der Dornbacher Straße gesetzt. Auch das Bezirksmuseum Hernals hält das Gedenken an die Schöpfer des neuen Wienerliedes hoch, auch wenn die Brüder fast nur ihre Musik hinterlassen haben. Denn für eine größere Hinterlassenschaft reichte es trotz aller Berühmtheit nicht. Davon zeugt auch ein berührender Appell in einer Wiener Zeitung:

„Wie viel Freunde haben Josef und Hans gehabt! Wie viel Vornehme und Geringe haben sich an ihrem Spiel ergötzt! Gedenken wir der Kinder der beiden Schrammeln, da wir den letzten Wiener Volksmusiker der Erde übergeben und lassen wir sie nicht zugrunde gehen! Wir bitten für die dreizehn Waisen der beiden Schrammelfamilien."

Schrammelzimmer im Bezirksmuseum Hernals
17., Hernalser Hauptstraße 72–74, Tel. 403 43 38
Öffnungszeiten Mo 16–20 Uhr und jeweils 1. und 3. So im Monat 10–12 Uhr
Besichtigungsdauer: ca. 30 Minuten

Entertainer vor 670 Jahren

war Gundakar von Thernberg oder Wigand von Theben – über den tatsächlichen Namen ist man sich uneins – jedenfalls war es der „Pfaff vom Kahlenberg“, der um 1330 seine Späße und Possen im heutigen KAHLENBERGDORF am Fuße des Leopoldsberges trieb (der Leopoldsberg hieß bis Ende des 17. Jahrhunderts Kahlenberg). Seine Bühne war die Kanzel der mittelalterlichen Wehrkirche im Kahlenbergerdorf. Beim Aufgang bewundern Sie das schmiedeeiserne Tor, gestaltet von Alexander Nehr, dem Schöpfer des Wiener Rathausmanns. Vor der Kahlenbergerdorfer Kirche steht das Denkmal des lustigen Pfarrherrn, der ein Günstling von Herzog Otto dem Fröhlichen war. Jahrhundertelang hat man seine Schwänke gesammelt und in Reimen weitererzählt (Philipp

Denkmal des „Pfaffen vom Kahlenberg" vor der Kahlenbergerdorfer Kirche

Frankfurter, 1511, Anastasius Grün, 1850). International berühmt wurde der „Entertainer“ 1520, durch die englische Erzählung *The Parson of Kalenborou*. Exakt 2,63 m (bitte nachmessen!) von seinen Zehenspitzen entfernt stand am Beginn des Durchgangs zur Kirche ein Wohnturm der Schwester Friedrichs des Streitbaren, die eine besonders herrische wie auch männerfreundliche Dame gewesen sein soll.

Drehen wir das Rad der Zeit zurück: Im 12. Jahrhundert befand sich hier bereits ein befestigtes Gebäude, 1168 die erste romanische Kirche. Das Dorf ist seit dem 1115 nachweisbar, seine heutige Form stammt aus dem 17. Jahrhundert. Die seit 1848 selbständige Gemeinde wurde 1890 zu einem Teil des 19. Bezirks. In dem romantischen Flecken scheint die Zeit stehengeblieben zu sein. In der Zwillinggasse 1 hat Franz Schubert erstmals mit seinem Lied *Leise flehen meine Lieder* die Zuhörer bezaubert. Vis-à-vis beginnt der Jungherrensteig – „Den Jungfrauensteig werden Sie auch hier vergeblich suchen!“ ruft mir eine fröhliche Großmutter im Vorbeigehen zu. Rundum lauschige Plätzchen mit gemütlichen Heurigenlokalen. Aber treten Sie nicht über die steile „Hirnbrecherstiege“ (auch als „Nasenweg“ bekannt) ihren Heimweg an! Sehenswert ist auch der Biedermeier-Waldfriedhof, auf dem Sie die Familiengruft von Feldmarschall Charles Joseph Fürst de Ligne und die Grabstätte der „unglücklichen Braut vom Kahlenberg“ finden. Hierbei handelt es sich um die 21jährige Karoline Traunwieser, Tochter einer Gutsbesitzerin, die auf der Suche nach ihrem Verlobten 1815 erfroren war. Auch Prälat Leopold Ungar, Präsident der Caritas, wurde 1992 auf diesem Friedhof beerdigt.

Das bezaubernde Kahlenbergerdorf haben Sie schnell durchwandert, es besteht aus weniger als 10 Gassen, und die enden meist in den Weinbergen. Übrigens können Sie für Ihr Picknickkörberl heute unbesorgt einkaufen. Früher war das nicht so, denn da mußten alle Lebensmittel, die außerhalb Wiens gekauft wurden, im ehemaligen Verzehrungssteuer-Linienamt am Nordende des Ortes verzollt werden …

Kahlenbergerdorf, 19. Bezirk
38 A, 238, 239, S 40
Spaziergang im Kahlenbergerdorf: ca. 1 1/2 Stunden

Blick vom Kahlenbergerdorf auf den Leopoldsberg

Willkommen am Sauberg

im 19. Bezirk – denn so hieß der KAHLENBERG früher wegen seiner vielen Wildschweine. Erst Ende des 17. Jahrhunderts setzte sich der heutige Name durch. Aber suchen Sie hier nicht nach dem Kahlenbergerdorf, denn dieses liegt am Fuße des Leopoldsberges, der seinerzeit Kahlenberg hieß. Zugegeben, das ist etwas verwirrend! Klar hingegen ist der herrliche Blick über Wien, den Sie bei schönem Wetter von der Aussichtsterrasse genießen können. Wenn Sie den Berg mit dem städtischen Autobus der Linie 38 A erklommen haben, stehen Sie vor dem ältesten Gebäude der Gegend, der Kahlenberger Kirche, die 1629 von den Kamaldulensern gegründet worden ist. Im Vorraum erzählen Bilder von der Befreiung Wiens 1683 durch die Schlacht am Kahlenberg, mit der die

Türkenbelagerung ihr Ende fand. In der Sakristei sehen Sie Erinnerungsstücke aus dem Türkenjahr, z.B. den Säbel des Polenkönigs Jan III. Sobieski, der sich mit Kaiser Leopold I. gegen die Türken verbündet hatte.
Nur 100 Meter vom Kircheneingang entfernt können Sie zu Füßen von Kaiserin Sisi Platz nehmen, die japanischen Touristen umschwirren das Jugendstil-Denkmal, „Elisabeth-Ruhe“ genannt. An die Schwiegertochter der Kaiserin werden Sie erinnert, wenn Sie ein Stückerl bergauf zur „Kronprinzessin-Stefanie-Warte“, dem 1887 eröffneten Aussichtsturm, pilgern, der verschämt neben dem von Gustav Peichl entworfenen 165 m hohen Sendemast steht.

Alte Haustür im Kahlenbergerdorf

Das um die Kirche entstandene Dörfchen nennt sich Josefsdorf. Auf dem Platz ein Steinrelief mit Soldaten des Entsatzheeres von 1683. Alle schauen in Richtung des „Sommersalons“, wo Mozart angeblich 1791 an seiner *Zauberflöte* arbeitete. Der Komponist mußte damals noch zu Fuß marschieren, denn die Kahlenberg-Zahnradbahn wurde erst 1874 eröffnet. Mit etwa 12 km/h Höchstgeschwindigkeit mußte sie über eine Strecke von 5,5 km gleich 316 Höhenmeter überwinden. 1920 hat man sie wieder eingestellt. Die Zahnradbahnstraße an der Endstelle der Straßenbahnlinie D erinnert noch heute an sie.
Revolutionär war in den dreißiger Jahren der Bau der Höhenstraße, die ähnlich der Großglockner-Hochalpenstraße zur „Arbeitsbeschaffung“ gedacht war und als Autostraße ohne Gehsteige angelegt wurde. Gemütlich im Vergleich dazu die Kahlenbergerstraße, wo Sie im Vorbeiwandern auf Nr. 7–9 eine Gedenktafel für die Gebrüder Schrammel finden. Auf Nr. 26 wohnte 1824 Ludwig van Beethoven, dem das erste Musikerdenkmal Wiens gewidmet wurde; es steht im Beethovengang.
Der Dichter Grillparzer hingegen ist mit einem Spruch auf einer Tafel im Kahlenbergrestaurant verewigt: „Hast Du vom Kahlenberg das Land Dir rings besehen, dann wirst Du was ich schrieb und was ich bin, verstehen.“ Er war pensionsberechtigter Beamter!

Kahlenberg und Josefsberg
19. Bezirk
38 A
Wanderung am Kahlenberg: ca. 3–5 Stunden

Bischofssitz am nördlichen Donauufer

sollte die heutige DONAUFELDER PFARRKIRCHE zum hl. Leopold im 21. Bezirk am Kinzerplatz (Karl Kinzer, Wasserbautechniker, Bau der Wiener Hochquellenwasserleitungen) werden, wäre es um 1900 nach den ehrgeizigen Plänen des Statthalters von Niederösterreich, Erich Graf von Kielmannsegg, gegangen. Doch der Mensch denkt – und die Politik lenkt …

Der Reihe nach: Schon in prähistorischer Zeit zogen verschiedene Völkerschaften durch das Donaufeld, aber eine Siedlungstätigkeit im heutigen Sinn setzte erst Anfang des 19. Jahrhunderts ein. Damals prägte man den Spruch „In einer friedlichen Familie kommt das Glück von selber", und so schlossen sich 1894 die niederösterreichischen Gemeinden Floridsdorf, Jedlesee, Donaufeld und Neu-Jedlersdorf zur Großgemeinde Floridsdorf zusammen (benannt nach dem Klosterneuburger Abt Floridus Leeb). Floridsdorf sollte sogar Landeshauptstadt von Niederösterreich werden und natürlich einen entsprechenden Dom bekommen. Die heutige Donaufelder Pfarrkirche war dafür vorgesehen! Sie ist die drittgrößte Kirche von Wien (nach St. Stephan und der Kirche Am Hof). Und sie sollte ursprünglich zwei gewaltige Türme mit weit mehr als 100 m Höhe erhalten. Doch die hohe Politik forderte niedrigere Türme. 1904 wurde beschlossen, Floridsdorf der Gemeinde Wien einzuverleiben. Die großzügigen Entwürfe für den Kirchenbau von Franz Ritter von Neumann (1844–1905) wurden mit jeder Änderung bescheidener. Einer der beiden Türme wurde geopfert, und es wurde befohlen, die Turmhöhe des zweiten auf 96 m zu reduzieren. Die Donaufelder Pfarrkirche durfte nicht höher sein als die von Kaiser Franz Joseph gestiftete Votivkirche. Die Baukosten waren dennoch enorm: 1,3 Millionen Goldkronen. Das Augustiner-Chorherrenstift Klosterneuburg kam dafür auf. Die Grundsteinlegung erfolgte am 6. Juni 1905 im Beisein von Bürgermeister Lueger (jener, welcher Hans Moser im Lied die Hand reicht), und die feierliche Einweihung fand am 8. Juni 1914 durch Kardinal Piffl statt, der im Stift Klosterneuburg das Ordensgelübde abgelegt hatte.

Was kaum jemand weiß, ist, daß die Kirche auf einem zugeschütteten

Donauarm errichtet wurde und auf Tausenden von Pfählen aus Lärchenholz steht. Interessant ist auch, daß der Innenraum so gestaltet ist, daß am Geburtstag des heiligen Leopold das erste Licht der aufgehenden Sonne den Hauptaltar und die Empore mit der Orgel zum Leuchten bringt. Im imposanten Bau – der Stilformen der Früh- und Spätgotik mit solchen der Renaissance und der Moderne vereint – finden bis zu 5.000 Menschen Platz. Auch bei der Einrichtung des „Domes drüber der Donau" wollte man besondere Akzente setzen und erreichte eine gelungene Symbiose zwischen Jugendstil und Historismus. Der Hochaltar ist eine wunderschöne Kupfer-Zink-Treibarbeit und stammt wie der Kanzeldeckel von Nikolaus Stadler. Aufgefallen ist mir das byzantinisch wirkende Kuppelmotiv, das sich im Taufbecken, im Gestühl, im Weihrauchbecken und an der Orgel wiederholt. Letztere wurde von F. J. Swoboda 1910 erbaut, wird heute noch bespielt und ist wegen ihrer besonderen Technik einzigartig auf der Welt. Da die Töne aber erst mit großer zeitlicher Verzögerung nach dem Anspiel kommen, ergreift jeder zweite Musikus die Flucht vor dieser Rarität …

Kupfer-Zink-Figuren am Hochaltar: Maria mit dem Kind, zu ihren Füßen der heilige Leopold

Donaufelder Kirche
21., Kinzerplatz 19
U 6, 26
Besichtigungsdauer: ca. 30 Minuten

Ausg'steckt is!

Was macht der heilige Nikolaus

in STAMMERSDORF? Nun, die zum Schottenstift gehörende Pfarrkirche (bei Stammersdorfer Straße 35) in diesem Teil des 21. Bezirks ist ihm, der auch Patron der Schiffbrüchigen ist, geweiht. Jetzt werden Sie fragen, was haben Schiffbrüchige mit Stammersdorf zu tun? Ich hab es nicht erkunden können, aber vermutlich haben die Besucher nach dem Verkosten von zuviel Rebensaft in diesem alten Weinbauort schon vor Jahrhunderten „Schiffbruch" erlitten. Schauen wir uns ein bisserl am Abhang des Bisambergs um: 1177 und 1185 als *Stenmarsdorf, Staemersdorf* und *Stamleinsdorf* erwähnt, wurde Stammersdorf 1477 von den Ungarn, 1529 und 1683 von den Türken, 1619/20 von den Böhmen, 1645 von den Schweden und 1703 von den Kuruzzen zerstört. Sicherlich ein Mitgrund, warum die Weinhauer heute dort jeden Neuankömmling so skeptisch mustern. Im Jahre 1644 tobte ein Großfeuer in dem kleinen Ort, und die verheerenden Pestepidemien von 1679 und 1713 forderten auch hier zahlreiche Opfer. Erst das 18. Jahrhundert gestaltete sich dann etwas ruhiger; die Wälder um Stammersdorf waren als kaiserliches Jagdgebiet beliebt. Doch bald kamen wieder Kriege: 1805 und 1809 gegen Napoleon. In Ortsnähe wurde ein Feldlager errichtet, und am 27. Dezember 1805 trafen sich die beiden großen Gegenspieler, Erzherzog Karl und Napoleon, in der Poststation „Rendezvous", heute Brünner Straße 315 (ein Schlößchen) zu einer Besprechung.

In Stammersdorf hat sich die ursprüngliche Form des Angerdorfes erhalten, d.h., die Ortsstraße ist zum Ortszentrum verbreitert. Auf dem Anger befinden sich heute ein Kriegerdenkmal, das Postamt und ein außergewöhnliches Pestdenkmal. Nein, nein, Sie haben keinen Schwips, wenn Sie es fünffach sehen: Dieses Pestdenkmal besteht nämlich aus fünf Teilen, es sind fünf einzelne Säulen mit Heiligenfiguren. Die Pfarrkirche, in der der heilige Nikolaus zu Hause ist, ist vom Dorfanger durch die schmale Liebleitnergasse erreichbar. Sie sollten sich die Kirche anschauen, ihre ursprüngliche Funktion als Wehrkirche ist

an der erhöhten Lage erkennbar. Die größte Glocke (1.100 kg) stammt aus dem Jahr 1450. Und der unterhalb der Kirche gelegene Pfarrhof ist wahrscheinlich das älteste Haus von Stammersdorf.
Von den oft 300 Jahre alten Preßhäusern und Weinkellern, die in Lehmwände von Hohlwegen gegraben sind, ist meist nur die Vorderwand mit Türe und zwei Fensterschlitzen zu sehen. Dem romantischen Reiz der Gegend kann sich keiner entziehen. Die Atmosphäre schluckt den Gast. Man spürt: Da ist der Heurige zu Hause. Etwa 100 Weinhauer produzieren hier ein Drittel des Wiener Weins. Den Weinbau verdanken wir übrigens dem römischen Imperator Marcus Aurelius Probus (um 280 n. Chr.), der in Friedenszeiten seinen beschäftigungslosen Legionären befahl, Rebstöcke zu pflanzen. Unter Joseph II. erhielten die Untertanen dann 1784 die Erlaubnis, alles Selbsterzeugte zu verkaufen oder auszuschenken. Seither zeigt ein Buschen aus Föhrenzweigen an, wo „ausg'steckt is". Wenn Sie jetzt fragen, wo ich hier mein Glaserl trink'? Beim „Gstaltner" in der Stammersdorfer Straße, denn das ist der älteste aller Heurigen ...

Stammersdorf, 21., Stammersdorfer Straße
31
Spaziergang in Stammersdorf: ca. 1 Stunde

Alter Weinkeller in der Kellergasse von Stammersdorf

Das Stiefkind der Wiener Hausberge

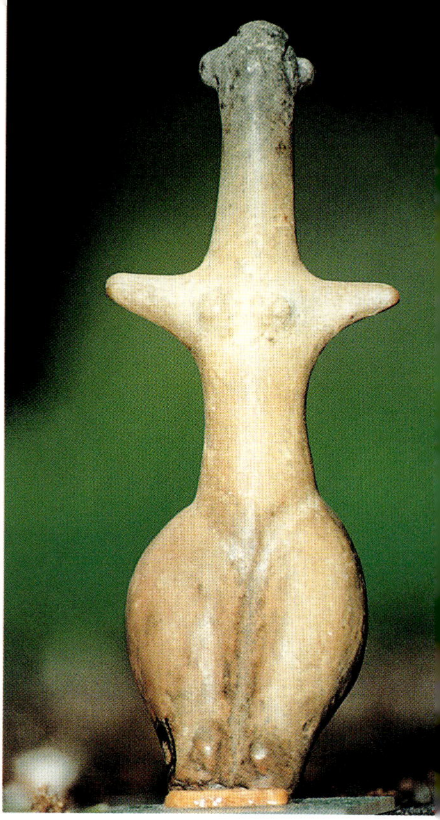

Prähistorisches Schönheitsideal: die Venus vom Bisamberg

ist der nur teilweise zu Wien gehörende BISAMBERG, denn er besitzt weder eine Aussichtswarte, noch eine Burg oder ein Schloß – wie die Berge auf der anderen Donauseite (Kahlenberg, Leopoldsberg, Cobenzl). Dafür aber hat man am Klausgraben eine eigenartig geformte Tonfigur gefunden, die sogenannte „Venus vom Bisamberg". Die mollige Dame konnte man sogar bei der Weltausstellung 1958 in Brüssel bewundern. Mit 4.000 v. Chr., also in die Jungsteinzeit *(Neolithikum)*, wird diese Urform wienerischer Frauenschönheit datiert. Die ersten Spuren von Menschen in dieser Gegend, eine Feuersteinklinge sowie Überreste von Mammut und Wisent, stammen aus dem Ende der Altsteinzeit. Von da an gab es immer wieder Siedlungen am nordöstlichen Teil des Bisambergs und auf der Elisabethhöhe, seinem höchsten Punkt (ältester Nachweis für Kupferverarbeitung in Österreich).

Der Bisamberg wurde oft zu Verteidigungszwecken benutzt. Schanzen, Schützengräben und Reste von Befestigungsanlagen geben davon Zeugnis. Auf der sogenannten Fath-Höhe – so benannt nach dem Feldmarschall-Leutnant Heinrich Fath – wurde 1916 ein Heldendenkmal eingeweiht. Den 6 m hohen Obelisken hat man jedoch nach dem Zweiten Weltkrieg zu einer Gedenkstätte für den Dichter Joseph von Eichendorff umgewidmet. Die Kunst durfte siegen!

Interessant ist auch, daß die in Richtung Osten liegenden Schanzen im Juli 1866 in aller Eile ausgehoben wurden, nachdem Österreich bei Königgrätz von den Preußen besiegt worden war. Offenbar glaubte man,

mit den wenigen Gräben Wien verteidigen zu können ... Na ja, heute ist im wahrsten Sinne des Wortes Gras darüber gewachsen, es wurde ein Vogelschutzgebiet daraus.
Der Bisamberg, ursprünglich *Pusenberg* (das „B“ erhielt er erst in aufgeschlossenen Zeiten) ist ein ca. 360 m hoher Sandsteinrücken und Teil des Alpen-Karpaten-Bogens. Er dient den Wienern seit jeher zur Erholung. Da können sie gemütlich durch Eichenbuschwälder und eine steppenähnliche Vegetation spazieren. Und begegnen wochentags mehr Rehen als Menschen. Auch ein gutes Tröpferl in kleinen Heurigenlokalen gibt's zu verkosten. Wußten Sie übrigens, daß der Begründer des Städtischen Strandbades Gänsehäufel, der Naturapostel Florian Berndl, als Einsiedler hier lebte?

Naturapostel Florian Berndl richtete am Bisamberg ein „Luftsanatorium" ein.

Wandern wir weiter. Von Stammersdorf aus gelangt man über die Kellergasse zur Senderstraße, an deren Ende der 1933 in Betrieb genommene Rundfunk-Mittelwellensender steht. Ein Beweis, daß beim ORF gespart wird: Die Notstromaggregate stammen von damals und sind heute noch betriebsbereit! Der Nordmast ist 265 m hoch, hat nahezu die gleiche Höhe wie der Donauturm und ist fast doppelt so hoch wie Wiens Wahrzeichen, der Steffl. Als ich dort einmal eine Fernsehsendung moderierte, stellte ich mich so, daß ich mit einem Bein in Niederösterreich und mit dem anderen in Wien stand: Die Landesgrenze führt mitten durch das Gebäude der Sendeanlage ... symbolisch für mich, ich wurde in Wien geboren und wohne in Niederösterreich.

Bisamberg, 21. Bezirk
32 A
Für einen Ausflug auf den Bisamberg sind 2–3 Stunden einzuplanen.

Markanter Gebäudekomplex und Symbol des modernen Wien: das Vienna International Centre

Von der Mist-g'stettn zur UNO-City

mauserte sich der heutige DONAUPARK. Ursprünglich war es eine schöne Donau-Aulandschaft, auf der eine Mülldeponie angelegt wurde. Doch anläßlich der Wiener Internationalen Gartenschau (WIG 1964) wurde die Miststätte im 22. Bezirk aufgelöst und der Bereich neugestaltet. In der Donaustadt – die mit 102 km^2 mehr als ein Viertel des Wiener Stadtgebietes umfaßt – entstand der Donaupark: Man schuf ein künstliches Gewässer, den Irissee (Enten bitte unbeobachtet füttern!), dazu eine Seebühne, die es leider heute nicht mehr gibt (Anmerkung eines traurigen Schauspielers), und man baute den Donauturm, 252 m hoch – bald doppelt so hoch wie Wiens Wahrzeichen, der Steffl (137 m). Was die wenigsten wissen dürften: Die Geldmittel für den Bau kamen aus privater Hand. 1962 erfolgte die Grundsteinlegung dieses derzeit (1998) höchsten Gebäudes unserer Stadt, seine Fertigstellung nach Plänen von Hannes Lintl 1964. Von dem sich um die eigene Achse drehenden

Restaurant in 169 m Höhe kann man bequem das ganze Panorama genießen, ohne sich beim Essen stören zu lassen. Vielleicht erinnern Sie sich: Für die WIG wurden seinerzeit ein 2.208 m langer Sessellift installiert, 7 Millionen Pflanzen eingesetzt und u.a. Liliputbahn, Tiergarten und der erste Vogelschutzpark Österreichs errichtet. Geblieben ist der Erholungspark (100 ha) mit einem herrlichen Rosengarten – begrenzt von Wasserbecken und Springbrunnen –, wo man verschiedene Freizeiteinrichtungen gratis benützen und folgende Sehenswürdigkeiten bei einem gemütlichen Bummel entdecken kann: Paracelsus-Denkmal, umgeben von einem Heilkräutergärtchen, das an den berühmten Arzt, Naturforscher und Philosophen erinnert (richtiger Name Aureolus Theophrastus Bombastus von Hohenheim, 1493–1541). Sein Motto lautete: „So edel ist die Natur, daß sie jeglicher Krankheit ihre Arznei gibt." Aber auch der südamerikanische Freiheitskämpfer, General und Staatengründer Simon Bolivar (1783–1830) ist im Donaupark verewigt. Weiters findet man ein keramisches Relief des Malers Leherb, einen Klangbrunnen von Hubert Wilfan, eine Skulptur als Hommage an Anna Freud, Figuren aus Maschinenteilen von Karl Anton Wolf und eine Plastik von Roland Göschl.
Das Papstkreuz erinnert an die Eucharistiefeier von Johannes Paul II. im Rahmen des Katholikentages am 11. September 1983 auf der „Papstwiese". Daneben sehen Sie das Islamische Zentrum (1979 eröffnet) mit einem 32 m hohen Minarett, einer Koranschule und zwei Moscheen. Und schließlich der markante Gebäudekomplex der UNO-City, wie das „Vienna International Centre" im Volksmund gern genannt wird. Dieser Amtssitz internationaler Organisationen (z. B. der UNIDO) wurde nach einem Entwurf von Johann Staber 1973 begonnen und 1979 seiner Bestimmung übergeben. Platz ist für 3.200 Leute. Dreimal soviel Personen nimmt das Austria Center Vienna auf, ein Konferenzzentrum mit 14 Sälen, das 1987 fertiggestellt wurde. Und schon sind am linken Donauufer größere und noch höhere Bauten geplant ... *denn wer vorsieht, wird der Herr des Tages sein.*

Donaupark, 22., Arbeiterstrandbadstraße/Donauturmstraße 4
U 1, 90 A, 91 A
Dauer des Ausflugs in den Donaupark: ca. 2 Stunden
Restaurant am Donauturm: Tel. 26 33 572-0

LITERATUR

Friedrich Achleitner, Österreichische Architektur. Salzburg-Wien 1990
Maria Auböck/Gisa Ruland, Grün in Wien. Ein Führer zu den Gärten, Parks und Landschaften der Stadt. Wien 1994
Peter Autengruber, Lexikon der Wiener Straßennamen. 3. Auflage Wien: Pichler Verlag 1998
Felix Czeike, Historisches Lexikon Wien in 5 Bänden. Wien 1992–1997
Felix Czeike, Kunst und Kulturlexikon Wien. München o.J.
Cornelia Eibl, Sammlung Villa Ernst Fuchs. Wien o.J.
Kurt Eigl, Schönbrunn. Ein Schloß und seine Welt. Wien-München 1980
Imanuel Geiss, Geschichte griffbereit. Reinbek b. Hamburg 1979
Cécile Gordon, Das Riesenrad hat alle entzückt. Wien 1997
Ernst Hausner, Wien. Wien-München 1975
Walter Kleindel, Österreich. Daten zur Geschichte und Kultur. 4. Auflage Wien 1995
Heinz Fink und Helmut Lust, Wiener Kulturspaziergänge. Wien: Pichler Verlag 1997
Kurt Kolar, Der Tirolerhof. Hrsg. v. d. Schönbrunner Tiergarten G.m.b.H. Wien o.J.
Fritz Kratochwjle, Die städtischen Gärten Wiens. Wien 1931
Georg Kugler, Die Wagenburg. Wien 1988
Kunsthistorisches Museum (Hg.), Weltliche und Geistliche Schatzkammer. Wien 1987
Gerhard Kunze, Tiergarten Schönbrunn. Wien o.J
Harald Marincig, 100 Jahre „Elektrische" in Wien. Wien 1997
Christian Neuhold/Ed Handberg, Hofburg. Das Herz Österreichs. Wien 1989
Österreich Lexikon in 2 Bänden. Herausgegeben von Richard und Maria Bamberger, Ernst Bruckmüller und Karl Gutkas. Wien 1995
Peter Pirker, Das Funkhaus Wien. Wien o.J.
Hedwig Pistorius, Gedenkräume – Österreichisches Theatermuseum. Katalog. Wien o.J.

Eberhard Puntsch, Zitatenhandbuch. Landsberg am Lech 1965
Reiseführer Wien. München: Polyglott-Verlag o.J.
Lilian Schacherl, Prestel-Führer Wien. München 1991
M.P.A. Schaeffer, Otto Wagner. Tradition und Moderne. Wien 1997
Matthias Settele, Denkmal. Wiener Stadtgeschichten.
Vom Walzerkönig bis zur Spinnerin am Kreuz. Wien 1995
Bartel F. Sinhuber, Alles Walzer. München-Wien 1997
Eckart Vancsa, Der Karlsplatz. Geschichte einer Stadtlandschaft. Wien 1983
Wiener Wirtschaftsförderungsfonds (Hrsg.), Gasometer Simmering. Gestern-Heute-Morgen. Wien 1996
Wien-Hamburg 1983 Helga Maria Wolf/Helmut Lust, Merkwürdiges aus dem alten Wien von A–Z. Wien: Pichler Verlag 1995
Helga Maria Wolf und Helmut Lust, Unsere Stadt. Wien. 2. Auflage Wien: Pichler Verlag 1995

Bildnachweis

Archiv für Kunst und Geschichte, Berlin: 15
Agentur Regina Maria Anzenberger: 11 (Foto: Chris Sattlberger), 38 (Foto: Manfred Horvath), 40 (Foto: Manfred Horvath), 43 (Foto: Manfred Horvath)
CONTRAST/TRANSGLOBE: 103 (Foto: Johann Pesl)
CONTRAST/G. Hinterleitner: 106, 107
CONTRAST/Herbert Lehmann: 140
Gerhard Trumler: 113
Sabine Schmeller: 70
Hnatek: 83
Fereberger: 27
Historisches Museum der Stadt Wien: 25
Wiener Porzellanmanufaktur Augarten: 67
Jacobus Brokx, Langenzersdorf: 138
Archiv Dr. Christian Brandstätter: 139

Alle anderen Fotos sind Originalaufnahmen von Helmut Lust.

Urhebernachweis

Folgende Kapitel wurden von Günther Frank verfaßt:
Seite 12/13, 17/23, 28/29, 44/49, 56/61, 64/67, 78/81, 84/85, 98/101, 106/107, 120/121, 130/141.
Alle übrigen Beiträge stammen von Georg Lahninger.